_____ 님의 소중한 미래를 위해
이 책을 드립니다.

서울대 권영상 교수의
가상현실과
미래도시 수업

본 저서는 교육부 한국연구재단(NRF-2021S1A5C2A03087287, NRF-2018R1D1A1B07048832)과 국토교통부 국토교통과학기술진흥원(RS-2022-00143404)에서 지원한 연구내용을 활용하여 작성되었습니다.

가상현실 기술이 도시의 미래를 바꾼다

서울대 권영상 교수의

가상현실과 미래도시 수업

권영상 지음

메이트북스

메이트북스 우리는 책이 독자를 위한 것임을 잊지 않는다.
우리는 독자의 꿈을 사랑하고,
그 꿈이 실현될 수 있는 도구를 세상에 내놓는다.

서울대 권영상 교수의 가상현실과 미래도시 수업

초판 1쇄 발행 2023년 4월 5일 ┃ 지은이 권영상
펴낸곳 (주)원앤원콘텐츠그룹 ┃ 펴낸이 강현규·정영훈
책임편집 남수정 ┃ 편집 안정연·박은지 ┃ 디자인 최선희
마케팅 김형진·유경재 ┃ 경영지원 최향숙 ┃ 홍보 이선미·정채훈
등록번호 제301-2006-001호 ┃ 등록일자 2013년 5월 24일
주소 04607 서울시 중구 다산로 139 랜더스빌딩 5층 ┃ 전화 (02)2234-7117
팩스 (02)2234-1086 ┃ 홈페이지 matebooks.co.kr ┃ 이메일 khg0109@hanmail.net
값 19,800원 ┃ ISBN 979-11-6002-391-6 03320

우리는 이미 가상현실 안에 살고 있다.

• 젠슨 황(엔비디아 CEO) •

가상현실이 바꿀 도시의 미래, 인류의 미래

우리는 어떤 도시에서 살고 있는가?

우리는 대부분 도시에 살고 있다. 한국의 경우 이미 전체 인구의 90% 이상이 도시에 살고 있으며, 세계적으로도 도시에 사는 사람들의 비율은 점점 늘어나고 있다. 도시는 거의 대부분의 사람들이 거주하고, 교류하며, 문명을 발전시켜온 공간이다. 하버드대학교의 에드워드 글레이저(Edward Glaeser) 교수는 도시가 있었던 덕분에 인류는 문화와 기술을 발전시킬 수 있었으며, 그렇기 때문에 도시는 인류가 발명한 여러 요소들 중에서도 가장 중요한 발명품이라고 이야기했다.

이렇게 중요하고, 우리 대부분이 살고 있는 도시는 어떤 상황일

6

까? 많은 인구가 도시에 모여 살면서 도시는 점점 복잡해지고, 여러 문제가 발생하기 시작했다.

많은 사람들이 고밀도로 모여 살면서 최근 코로나19와 같은 감염병이 대규모로 확산되는 경험을 했다. 이러한 대규모 감염병은 앞으로도 도시를 위협하는 대표적인 요소가 될 것이라고 예상되고 있다.

또한 많은 사람들이 모여 살면서 더 많은 거주지가 필요하게 되고, 지구를 계속 인간의 도시로 바꾸고 있다. 인간들은 더 많은 에너지를 사용하게 되었고, 이 과정에서 소비되는 화석연료는 지구를 점점 따뜻하게 만들고 있다.

또한 점점 쇠퇴하고 소멸되는 도시들도 있다. 도시의 산업이 쇠퇴하고, 사람들의 삶은 점점 피폐해지며, 살고 있는 공간은 점점 노후화되고 쇠락해가기도 한다. 슬럼들이 생기고, 도시의 빈부 격차는 더 심해지며, 불평등과 갈등이 심해지기도 한다.

이렇게 도시는 우리들의 삶의 터전으로 편리하고 매력적인 공간이기는 하지만, 동시에 점점 복잡해지고 여러 문제가 등장하고 있는 것도 사실이다. 우리는 도시를 포기할 수 없지만, 도시를 이대로 방치하기도 난처한 상황이다.

그렇지만 이러한 상황이 현재에만 닥친 것은 아니었다. 역사적으로 인류 문명이 발전할 때, 도시에 많은 사람들이 모여 살게 되면서 도시의 효용성은 있었지만 여러 가지 문제들이 등장했다.

다행스러운 점은 인간은 이렇게 도시에 문제가 등장했을 때마다 이를 해결하는 방법을 찾아왔다는 것이다. 유럽의 도시들이 발전할 때 발병한 콜레라가 오염된 물에 의해 발병했다는 것을 알아낸 존 스노(John Snow) 덕분에 인류는 도시에서 발병한 질병을 극복할 수 있었다. 또한 대규모의 사람들과 물자를 이동할 수 있도록 기차가 발명되었다. 이러한 경험이라면 다행스럽게도 현재 도시가 가지고 있는 문제들도 해결될 수 있을 것이라는 기대를 가능하게 한다.

어느덧 현실이 된 가상현실

최근 들어 등장한 첨단 기술들, IT 기술들, 빅데이터와 인공지능 기술들, 네트워크 기술들은 이러한 문제를 해결할 수 있을 것이라는 가능성을 보여주고 있다. 이러한 기술들은 우리가 사는 도시를 더 똑똑하게 만들어주는 '스마트시티 기술'로 소개되고 있다. 이런 기술들이 3차원 그래픽 기술, VR·XR 기술과 결합해서 사람들 간의 네트워크를 기반으로 가상현실 기술로 급격하게 발전하고 있다.

우리가 영화나 게임에서 봐왔던 가상현실 공간들이 실제 실현되기 시작한 것이다. 영화 〈토탈 리콜〉이나 〈매트릭스〉에서 봐왔던 것처럼 무엇이 현실이고 무엇이 가상현실인지 그 경계가 모호한 세계가 만들어지기 시작했다.

현란한 3차원 그래픽 기술을 바탕으로 해서 만들어진 게임들은 단순히 나쁜 악당들을 때려잡는 것이 아니라, 게임에 접속한 사람들끼리 서로 공동체를 만들고 교류하며, 유명 팝스타를 만나고 평소 가지고 싶었던 명품을 구경하고 소유하는 또 다른 메타버스 세계가 되었다.

그리고 이제 이러한 메타버스 게임을 개발하는 회사가 전통적인 대기업보다도 더 젊은 사람들이 가고 싶어 하는 회사가 되었다. 얼마 전까지만 해도 2차원 텍스트나 이미지로 소통하던 SNS 기업들은 이제 3차원 가상공간을 기반으로 사람들의 관계망을 확대시켜나가고 있다. 페이스북은 이름을 메타로 바꾸면서 3차원 가상공간을 기반으로 하는 서비스 확대에 나서고 있고, VR기기인 오큘러스를 파격적인 가격으로 공급하기 시작했다. 마이크로소프트는 공격적으로 게임회사들을 인수하기 시작했고, 팀스를 통해 업무공간을 가상공간으로 구축하는 시도를 하고 있다.

가상현실과 미래의 도시

코로나19로 직접 접촉이 어려워지면서 가상현실 기술과 콘텐츠들은 도시에 닥친 위기를 해결하는 데 효과적으로 대응했다. 아마 코로나19 같은 위급상황이 아니었다면 가상현실 기술이 우리의 삶에 이렇게 빠르게 도입되기는 어려웠을 것이다.

가상현실의 공간과 경험들은 현실세계를 기반으로 해서 만들어졌지만, 이제는 현실세계의 문제들을 해결하는 데 역할을 하기 시작했다. 코로나19는 가상공간과 현실공간의 경계를 허무는 인류사적 의미가 있을 것이다.

가상현실은 빅데이터, 인공지능, 네트워크 기술을 기반으로 해서 VR·AR 기술들, 3차원 고성능 그래픽 기술들이 결합되어 만들어지기 때문에 순식간에 도시의 데이터들을 분석·시뮬레이션해서 결과물을 보여주거나 현실공간에서 불가능했던 것들을 가상공간에서 대체해서 경험할 수 있도록 도와주고 있다. 코로나19나 대규모 재난·재해들은 가상공간에서 피해 정도와 복구 방안을 시뮬레이션하기도 하고, 기후변화나 환경오염으로 지구에 닥칠 위기를 실제로 보여주면서 경종을 울리기도 하며, 도시쇠퇴나 부동산가격 급등에 따른 대안을 실제 가상공간을 통해 제시하기도 한다. 프롭테크 기술들이나 도시시뮬레이션 기술들은 이처럼 현실세계에서의 문제점들을 가상세계를 통해 해결하는 수단으로 활용되기 시작했다.

미래의 도시를 그리는 많은 SF소설, 영화, 게임들에서 보여지는 가상현실 기술들은 현재 도시가 가지고 있는 문제들을 해결할 것이라 기대된다. 거대한 변화의 조류가 가상현실 기술을 타고 미래도시의 실현을 향해 나아가고 있다.

변화의 조류에 올라탈 것인가, 혹은 과거에 머무를 것인가? 선택은 개개인에게 달려 있지만, 역사적으로 도시가 발전해왔던 기억을 거슬러 올라가보면 항상 새로운 산업혁명에 등장한 기술은 새로운 도시형태를 만들어왔다. 그 흐름에 동참했던 그룹들이 경제적으로나 기술적으로, 산업적으로 그 시대를 선도했고, 그 영향 속에 인류가 발전해왔음을 알 수 있다. 지금의 디지털전환 시대에 등장할 미래의 도시를 만들어갈 한 축이 현실세계의 아날로그 세계를 디지털로 전환한 '가상도시, 디지털트윈, 메타버스'가 될 것이라는 점은 의심의 여지가 없다.

이 책의 구성

이 책은 가상공간, 메타버스를 우리가 실제 거주하는 현실세계의 도시공간과 같이 놓고 보면서 진행된다. 왜 가상공간이 등장하게 되었는지, 실제공간은 가상공간과 어떤 관계를 가지고 있는지, 실제공간은 가상공간의 영향으로 어떻게 바뀌어갈지에 대한 내용을 담고 있다.

1·3·5장은 가상현실의 등장, 가상현실과 게임 속 도시, 가상현실과 영화 속 공간 등 가상현실을 구현하고 있는 도시공간을 다루고 있으며, 2·4·6장은 도시의 진화, 도시와 가상현실 기술, 도시의 미래와 가상현실의 역할을 주제로 담고 있다.

짝수장들과 홀수장들은 서로 영향을 주고받으면서 구성되지만, 독자들은 편의에 따라서 짝수장만 읽거나 홀수장만 읽을 수도 있을 것이다. 자, 그럼 가상현실과 미래도시 수업을 시작해보자.

    과학기술이 많이 발전했지만, 사람이 행복하게 사는 세상을 만드는 것이 과학기술의 목표가 되어야 하는 것에는 변함이 없을 것입니다. 세상이 복잡해지고 산업이 발전함에 따라 우리가 사는 세계를 설계하는 도구도 발전하고 있습니다. 그 대표적인 사례가 컴퓨터로 도면을 그리는 캐드(CAD, Computer Aided Design)일 것입니다. 예전에 손으로 그렸던 많은 도면들은 이제 2차원 컴퓨터 그래픽을 넘어서 3차원 가상현실까지 만들어내고 있습니다. 이 책은 우리가 사는 도시의 발전과정을 알기 쉽게 설명하고 이 도시를 디자인하는 캐드, 유니티, 언리얼과 같은 3차원 가상현실과 메타버스에 대한 다양한 기술의 발전과 전망을 다루고 있습니다. 캐드산업에 있어서도 이제는 전문가가 도시나 제품을 설계하는 도구를 넘어서서 일반인이 게임을 즐기고, 가상현실 속에서 친구들을 만나고, 아바타를 통해 명품옷을 입어보는 식으로 무한히 확장되고 있습니다. 미래에 캐드와 가상현실산업은 우리가 사는 세계를 훨씬 다양하게 변화시켜나갈 수 있을 것입니다. 이 책이 이러한 변화의 흐름에 동참할 수 있는 좋은 경험을 제공할 것이라 확신하며 일독을 권합니다.

- **최종복** ZWCAD코리아 대표

기업 CEO나 정부기관들의 교육과정을 기획하다 보면 최근 전문가 교육의 흐름을 파악할 수 있는데, 그중 대표적인 것이 디지털 트랜스포메이션(DX)입니다. 많은 유니콘, 빅테크, IT기업, 투자를 결정하는 기술창업회사들은 앞으로의 미래를 디지털에서 찾고 있는 것을 확인할 수 있습니다. 이 책은 디지털 트랜스포메이션의 한 축인 가상현실 기술에 대해 알기 쉽게 설명하고 이 기술이 도시개발, 메타버스와 같은 실제 서비스에 어떻게 적용되고 발전해나갈 것인지에 대한 전망을 제시하고 있습니다. 특히 이러한 가상현실 기술을 통해 앞으로 미래의 새로운 교통수단, 유통 상거래, 레저산업 등 우리가 도시에서 경험했던 여러 서비스들이 구현되는 모습을 구체적인 사례들을 통해 들여다보고 있습니다. 영화나 게임과 같은 흥미로운 주제들을 통해 가상현실과 미래도시의 모습을 살펴보는 것은 매우 흥분되는 경험입니다. 이 책을 통해 디지털 트랜스포메이션을 살펴봄으로써 미래도시와 가상현실의 세계를 체험하게 될 것입니다.

- 김정숙 더제이컴퍼니 대표

공학은 과학기술을 기반으로 세상에 닥친 문제를 해결하는 것을 목표로 하는 학문입니다. 최근 공학교육의 흐름은 지금 세상에 닥친 문제를 정확하게 찾아내고 분석하는 데서 출발합니다. 이 책은 미래 인류의 도시환경이 어떻게 변화될 것인가에 대해 여러 가지 문제를 제기하고 있으며, 이러한 문제를 해결하기 위한 도구로서 디지털 기술을 기반으로 등장한 가상현실의 가능성을 진단합니다. 공학의 각 분야에서 연구하고 있는 자율주행, 신재료, 광학 기술, 인공지능, 빅데이터 기술, 컴퓨터 그래픽 기술 등이 결합되어 미래도시의 문제를 해결하는 가상현실 기술로 수렴되는 책의 구조는 매우 흥미롭습니다. 공학이 우리의 도시를 어떻게 바꿀 것인가에 대해 관심 있는 분들에게 적극 추천합니다.

- **안철희** 서울대 공과대학 교수 / 서울대 최고산업전략과정(AIP) 전공주임

도시는 인류의 역사와 함께 해왔으며, 매 시기마다 독특한 형태와 구조를 가지고 발전해왔습니다. 인류의 경제·문화·산업과 기술은 이러한 도시의 형태와 구조가 만들어지는 데 기여해왔고, 현재는 빅데이터와 인공지능 같은 디지털 기술이 앞으로의 도시 모습을 변화해나갈 것이라고 기대되고 있습니다. 스마트시티 기술은 디지털 기술을 활용해 기존의 아날로그 도시가 가지고 있었던 여러 문제들을 해결하는 방법을 제시하는 것으로, 이 책에서 다루고 있는 가상현실 기술은 스마트시티 기술 중에 매우 중요한 한 축을 담당합니다. 이 책은 인류의 발전과정에서 등장한 도시들이 각자 어떻게 당시의 기술을 활용해서 도시의 문제를 해결해왔는지 살펴보고, 앞으로의 전망을 제시합니다. 근대부터 시작해서 등장한 다양한 도시이론을 산업과 기술의 관점에서 재해석하고 미래의 도시기술을 제안하고 있으며, 영화·게임·공학·산업을 넘나들며 유쾌한 질문과 답변을 주고받습니다. 도시와 기술에 관심 있는 독자들에게 적극 추천합니다.

- **김영철** 카이스트 교수 / 카이스트 스마트시티 연구센터장

기업의 경영컨설팅을 진행하다 보면 이들 기업들이 최근 디지털 트랜스포메이션에 큰 관심을 가지고 있는 것을 알 수 있습니다. 이전에 아날로그 세상에서 이루어졌던 많은 일들이 앞으로는 디지털 세상에서 이루어질 것이라는 것을 기업들도 많이 느끼고 있는 것 같습니다. 최근 경험한 코로나19와 같은 대규모 감염병은 비접촉 형태의 사회관계가 발전할 것이라는 가능성을 인류에게 보여주었으며, 가상현실, 메타버스, 디지털트윈과 같은 디지털 기술을 활용한 가상공간의 등장을 앞당겨주었습니다. 이러한 디지털 기술에 적응한 기업들은 속칭 대박을 터뜨렸으며, 이 변화의 흐름에 동참하지 못한 기업들은 어려움을 겪었습니다. '디지털 기술이 우리의 도시를 만드는 데에는 어떻게 활용될까?' 이 책은 이러한 질문에 대한 해답을 제시하고 있습니다. 이미 영화나 게임을 통해 가상현실은 더욱 현실세계에 가깝게 다가왔습니다. 디지털세계는 앞으로 어떻게 우리에게 다가올까요? 이 책을 통해 이 질문에 대한 답을 같이 찾아보시길 권해드립니다.

- 김규영 갈렙앤컴퍼니 경영컨설팅 대표

차례

CHAPTER 1

가상현실과 미래의 도시

CHAPTER 4

도시를 가상현실로 만드는 기술

CHAPTER 5

가상현실과 영화 속 공간

CHAPTER 6

도시의 미래와 가상현실의 역할

VIRTUAL REALITY

가상현실이 등장하고 나서 변화된 여러 가지 양상 중에서 흥미로운 점은 가상현실이 현실세계에 영향을 줄 수 있다는 것을 깨달았을 때다. 즉 단순히 가상현실이 흥미의 대상이 아니라, 현실세계의 문제를 해결할 수 있다는 점을 인식했을 때라고 할 수 있다. 지금도 스마트시티 개발, 디지털 트랜스포메이션, 챗GPT 같은 인공지능 등장, 코로나19 극복 등의 과정을 통해서 가상현실을 구현해가는 과정이 착실히 진행되고 있다. 가상현실은 어떻게 등장하고 있고, 이들의 등장은 현실의 도시를 어떻게 바꾸어나가고 있을까?

가상현실과
미래의 도시

우리가 보고 느끼는 세계는 인간의 의식이 투영된 것이지,
독립적으로 존재하는 실재가 아니다.
- 이마누엘 칸트(독일의 철학자)

빨간약을 줄까? 파란약을 줄까?

가상현실을 다룬 <매트릭스>

키아누 리브스(Keanu Reeves)가 주연으로 출연했던 〈매트릭스(The Matrix)〉는 1999년 3월 31일 미국에서 최초로 개봉했으며, 영화사에서 내용적으로나 형식적으로나 큰 충격을 안겨주었다. 한 화면을 여러 방향에서 동시에 찍어서 멈춘 동작을 360도 방향에서 보는 것과 같은 기분을 주는 촬영기법은 영화 형식에서의 혁신을 가져다주었을 뿐만 아니라, 우리가 사는 세계가 현실세계가 아닐 수 있다는 인식을 제공했다는 내용적 측면에서도 당시의 충격은 상당했다. 이 영화는 연달아 후속편이 두 편 더 제작되면서 이른바 '매트릭스 세계관'을 형성했고, 이후 많은 영화작품에도 큰 영향을 미쳤다.

〈매트릭스〉 1편에서는 우리가 인식하는 공간이 0과 1로 구성되는 프로그램으로 치환되는 것을 상징적으로 보여주는 '녹색 점들로 구성되는 장면'이 매우 인상적이었다. 영화의 주인공인 네오는 이 녹색 점들로 구성되는 공간을 자유롭게 변환하면서 현실세계에서 초능력이라고 부르는 것들을 실현하는 모습을 보여주었다. 실제세계와 가상세계의 경계를 녹색 점들로 아슬아슬하게 줄타기하는 장면이었다. 그 이후부터는 무엇이 실제세계이고 무엇이 가상세계인지의 경계가 모호해졌으며, 관객들은 '가상세계'라는 감독이 만들어놓은 플롯에서 영화를 관람했다. 2021년 개봉한 〈매트릭스〉 4편에서는 이러한 감독의 플롯이 또 다른 가상세계임을 보여주는 비틀림을 선사했다.

그 이전에도 가상현실을 소재로 다룬 영화는 많이 있었다. 하지만 〈매트릭스〉는 현실세계와 가상세계를 병치하는 동시에 이 둘의 철학적 사유를 담으면서 가상현실을 다룬 대표적인 영화로 자리매김했다.

▎빨간약과 파란약이 의미하는 것

이 영화에서 가상세계에서 현실세계로 넘어가는 경계에서 네오에게 강요된 행동은 2가지 다른 색깔의 약에서 하나를 선택하는 것이었다. 마치 실제세계로 넘어가는 버튼을 누르는 것 같은 이 행동을 통해서 2개의 완전히 다른 시간과 공간으로 이동했다. 빨간약과 파란약을 선택하도록 한 것은 가상세계와 현실세계 중 하나를 선택하는 것이었다.

가상세계에서 빠져나가는 것을 선택한 네오에게 일어난 일은 가상세계가 현실이 아니라는 것을 깨닫고 현실세계로 넘어가는 것이었는데, 그 순간 네오의 앞에 있던 거울에 비친 네오의 얼굴이 일그러지기 시작하면서 당시의 상황이 현실이 아니라 가상이라는 것이 밝혀진다. 이때 거울을 통해 가상과 현실이 분리되기 시작하는 것은 현실을 복제하는 거울의 속성을 보여주는데, 이는 여러 가지 철학적 사유가 담겨 있는 장면이다.

〈매트릭스〉에서의 접속 장면   출처: 워너브러더스

〈매트릭스〉 영화상에서 가상의 맛을 느끼는 사이퍼   출처: 워너브라더스

　실제로 영화상에서 사이퍼(Cypher, 조 판톨리아노 분)라는 악역은 기계들이 지배하는 현실세계를 '앎'에 대한 부담감으로 다시 가상세계로 돌아가려는 시도를 했으며, 영화를 보고 있는 많은 관객들은 이 사이퍼에게 자신을 투사했을 것이다. 이처럼 실제세계와 가상세계를 넘나드는 경계면이, 이 영화가 개봉한 지 20년이 지난 지금 해체되려고 하고 있다.

　글로벌 기업들은 VR, AR, MR, 메타버스, 디지털트윈 같은 가상세계 관련 기술 개발에 매진하고 있고, MZ세대 같은 젊은 세대들은 아바타, 제페토, 로블록스 같은 가상세계 기술에 익숙해졌다. 어쩌면 네오가 빨간약과 파란약을 선택했던 것처럼, 버튼 하나로 가상세계로 순식간에 이동하는 시대가 가까워진 것이다.

우리는 어떤 현실에서 살고 있는가?

코로나19

가상세계로 떠나기 전 우리는 어떤 현실세계에서 살고 있는지 먼저 정확하게 짚어보자. 크게 3가지를 들 수 있다.

가깝게는 코로나19로 전 세계가 고통받고 있다. 코로나19를 극복한다고 하더라도 새로운 감염병이 다시 등장할 것으로 예측되고 있다. 코로나19와 같은 감염병은 도시가 팽창하며 인간의 영역이 자연으로 확장되면서 자연에 있던 병이 인간에게 감염된 방식이었다. 앞으로도 인간의 기술이 발전하면서 자연의 영역으로 인간의 영역이 확장될수록 우리가 지금까지 경험하지 못했던 새로운 바이러스를 접하게 될 것이다.

코로나19는 사람들이 소통하는 방식을 완전히 바꾸었으며, 도시에서 사는 사람들의 삶의 방식도 완전히 새롭게 바꾸었다. 예전의 도시에서는 직접적인 소통을 통해 지식·문화·기술이 발전했으며, 이러한 소통이 편리한 도시일수록 경쟁력이 강한 도시로 인정받았다. 그렇지만 코로나19 이후 사람들의 직접적인 접촉은 피해야 하는 대상이 되었고, 사람들이 밀집한 지역은 위험한 곳으로 인식되기 시작했다. 하버드대학교 경제학과 교수 에드워드 글레이저(Edward Glaeser)가 주장했던, '지금까지 성공해왔던 도시가 성공하지 못할 수 있다'는 것이 우리의 인식 범위 안으로 들어왔다.

▍점점 따뜻해지는 지구

한편으로는 코로나19로 잠시 관심에서 벗어나 있기는 하지만, 거대한 기후변화의 흐름 속에 우리의 삶의 터전이 노출되어 있는 것을 간과할 수 없다. 많은 국가들이 기후변화 속에서 등장하는 자연재해로부터 위협받고 있으며, 몇몇 국가들을 대표하는 도시들은 생존을 걱정해야 하는 지경에 이르렀다. 국제사회에서 협약과 목표를 발표하고 있지만, 각 국가들의 지향점과 목표가 서로 다른 상황에서 공통된 국제질서를 강하게 끌고 나갈 리더십이 부족한 상황이다.

기후변화에 관한 정부 간 협의체(Intergovernmental Panel on Climate Change, 이하 IPCC)에서 발행한 2018년 기후변화에 관한 요약보고서인 「Global Warming of 1.5°C, Summary for Policy Makers」에 따르면, 인간의 활동은 근대 산업화 이전 대비 약 1°C의

지구온난화를 유발한 것으로 추정되고 있다. 또한 이러한 지구온난화가 계속된다면 2030년에서 2052년 사이에 약 1.5°C까지도 상승할 가능성이 높다고 한다.

도시의 쇠퇴

보다 가깝게는 우리가 살고 있는 도시공간이 기능을 상실하고 쇠퇴하는 문제를 들 수 있다. 이는 단순히 도시의 물리적인 공간이 쇠퇴하는 것만을 의미하지는 않는다. 도시에서 사는 인구가 감소하거나 노령화되는 문제, 그 도시의 경제력을 지탱해왔던 산업기반이 무너지고 경쟁력을 잃는 문제, 도시의 여러 건축물이나 시설물들이 기능을 상실하고 노후화되는 문제 모두가 도시에 닥친 문제들이다. 도시는 계속 성장하고 번영할 것이라 생각했는데, 도시도 생명체처럼 태어나서 성장하고 번영하다가 어느 순간 쇠퇴하는 것이 밝혀졌다.

국내의 도시 쇠퇴율은 인구 수, 사업체 수, 노후건축물 비율에 따라 결정된다. 국토연구원에서 2019년 발행한 자료에 의하면, 2013년에는 읍면동 기준 전국 쇠퇴율이 64.5%였던 것이 2017년에는 69%로 증가했으며, 4년간 연평균 약 1.5%p씩 심화되는 경향을 보이고 있다(도시재생종합정보체계, city.go.kr).

가상현실이 현실세계에서 가지는 의미

이처럼 우리의 현실은 여러 가지 복잡한 문제들을 가지고 있다. 그렇다면 가상현실은 이러한 복잡한 현실세계에 어떤 의미를 가질까? 최근 들어 특히 가상현실에 관심이 집중되고 있지만, 결국은 가상현실이 현실세계에 어떤 의미가 있는지가 중요하다.

세컨드 라이프의 도구

첫째로 가상현실은 현실세계에서 이루지 못하는 것들을 경험하는 도구로 사용될 수 있다. 가상현실을 다루는 많은 영화들의 경우 이 대척점에 있는 현실세계는 매우 비참한 상황임을 고려하며, 가상현실은 현실세계가 가지고 있는 비참한 모습에 대한 대안으로서 제안될 수 있다. 누구나 '이번 생은 망했다'라는 생각을 할 때가 있다. 가상현실은 이번 생을 다시 살 수 있는 기회를 이번 생에 제공하는 것이기 때문에 이에 대한 대안으로 등장할 수 있다.

▌문제 해결의 도구

둘째로 가상현실은 현실세계에서 가지고 있는 문제들을 해결하기 위한 도구로 활용될 수 있다. 현실세계에서 나타나는 여러 재난·재해들을 미리 시뮬레이션해서 대안을 도출해 현실세계의 재난·재해를 막거나 복구하는 용도로 활용하는 '도시 디지털트윈 기술'은 이처럼 현실세계의 문제점을 해결하기 위해 가상세계의 기술을 활용하는 기술이다.

애큐시티스(AccuCities) 디지털트윈   출처: 애큐시티스

█ 예측의 도구

  셋째로 가상현실은 현실세계에 등장하게 될 변화를 미리 예측해 볼 수 있는 도구로 사용될 수 있다. 앞으로 구매할 집이나 차를 미리 가상으로 경험해보거나 앞으로 어디에 투자를 하면 돈을 벌 수 있을지를 미리 예측해보거나 하는 장기적인 것부터, 내가 집에 갈 때 어떤 길로 어떻게 가면 빨리 갈 수 있을지를 예측해보는 단기적인 것까지 예측해볼 수 있다. 즉 비싼 물건을 사고 나서 후회하면서 중고로 팔거나 여윳돈으로 부동산 투자를 할 때 어디에 하면 좋을지를 미리 예측해서 투자하는 데 도움을 받거나 앞으로 새로운 도시계획에 따라서 내가 사는 도시가 어떻게 변화할지를 미리 예측하는 데 활용하는 기술이다.

  어찌 되었건 이러한 가상현실들은 모두 현실세계를 기반으로 하거나 현실세계의 문제를 극복하기 위해서 사용되는 것들이다. 현실세계 없이 가상세계만으로 의미를 가지게 되기에는 아직 시간이 더 필요하다.

달 소유권을 판매했던 데니스 호프

▌"달을 팝니다"

현실세계와 가상세계의 개념을 이해하기 위해 잠시 재미있는 사례를 한번 살펴보자. 1980년대 미국인 데니스 호프(Dennis Hope)는 달 소유권을 주장하면서 각국의 세계 여러 사람들에게 달 소유권을 조금씩 판매하는 사업을 진행했다. 달의 토지를 팔겠다는 데니스 호프의 매우 독특한 사업 아이디어는 실제로 미국 샌프란시스코 지방법원에서 인정을 받았다. 그는 1에이커(4,047m²)당 20달러에 달의 땅을 팔아 100억 원의 거금을 벌었다.

웬 봉이 김선달 같은 일을 했는가 하고 생각할 수 있지만, 실제로 많은 사람들이, 그것도 상당히 유명한 사람들을 포함한 사람들이 데

달 소유권을 판매한 데니스 호프　　　　　　　　출처: 스미스소니언 매거진

니스 호프를 통해서 이 달 소유권을 구매했다. 어차피 달에 갈 수도 없고 달에서 뭔가를 하기에는 너무 먼 시간이 필요하기 때문에 소유권을 구매하는 것이 별 의미도 없을 뿐 아니라, 소유했다는 자체로 뿌듯함을 느끼게 하는 데 착안한 사업모델이었다.

데니스 호프는 전 세계인들이 실제 있는 것으로 알고 있는 달의 공간을 판매했다. 하지만 사실은 가상세계로서 달을 판매한 것이나 다름이 없다.

만약 누군가가 지구의 달이 아니라 토성의 타이탄을 판매한다고 하면 어떨까? 이 역시 어차피 내가 살아 있을 때 갈 수 없을 뿐만 아니라, 간다고 하더라도 그곳에서 어떤 경제적인 행위를 하게 될지 알 수 없는 상황에서 서로 사고파는 것은 역시 소유했다는 의미만이 거래되는 것으로, 달을 사고파는 것과 동일하다. 우리가 조금이라도 알고 있는 달이나 타이탄을 사례로 들어서 그렇다면, 우리가 전혀 모르는 어떤 천체의 거대한 새로운 지구라고 생각해도 마찬가지다.

▌가상공간에서의 부동산 거래

가상공간은 이처럼 그것이 있다고 믿는 사람들 간의 인식에서 시작된다. 얼마 전 가상공간을 임대하고 분양하기 시작한 여러 부동산 기업들은 이러한 비즈니스 모델에서 시작한다.

머지않아 가상현실 기술이 더욱 발전하게 되면 더 세련된 방식으로 달에 지은 호텔이나 쇼핑몰에서 가상세계에서 통용되는 가상화폐를 가지고 상품과 서비스를 구매하게 될지도 모른다. 역시 호텔이나 쇼핑몰, 주거공간을 사고팔 수 있으며, 이는 데니스 호프가 진행했던 방식보다 훨씬 세련된 위성사진과 3차원 컴퓨터 그래픽 기술들로 실현될 것이다.

달에 실제 못 가면 어떤가? 미지의 달나라 괴물을 만날 걱정 없이 편하게 VR기기를 착용하고 달나라의 근사한 펜트하우스에서 고가의 물건을 구매하고 멋진 경관을 보며 진귀한 음식을 먹을 것인데 말이다. 매트릭스에서 수많은 지구인들이 그러했던 것처럼.

가상현실을 실현시키는 새로운 기술들

이처럼 꿈같은 경험들이 가상현실을 실현시키는 새로운 기술들 덕분에 정말 실현될 수 있는 현실로 다가오고 있다. 코로나19 이전에도 이러한 기술들에 대한 수요와 개발은 진행되었지만, 코로나19는 이러한 가상현실을 순식간에 확산시키는 수요를 촉발시켰다.

▌엔비디아

엔비디아(Nvidia)는 가상현실과 관련한 기술개발에 있어서 매우 주목할 만한 성과를 거두었다. 엔비디아가 개발한 GPU 기술은 첫째로 가상화폐를 채굴하는 데 활용되며, 또한 3차원 가상공간을 시뮬레이션하는 데 필수적인 고성능의 컴퓨터 그래픽 연산을 가능하

VR기기 사용 장면   출처: 디지테크

게 한다. 가상공간을 만드는 데 있어서 필수적인 경제수단과 건설수
단을 제공하는 기업이라는 측면에서 가히 패러다임을 전환하는 기
업이라고 할 수 있다.

아마존 웹 서비스(AWS)

비슷한 수준의 혁신을 이룬 기업인 아마존 역시 이 분야를 선도할
수 있는 기술을 확보하고 서비스를 제공하고 있는데, AWS(Amazon
Web Services)라고 부르는 데이터 서비스로 가상현실 기업들에게 공
간을 제공한다. 현실세계에서 3차원공간은 가상세계에서 0과 1로
이루어진 데이터에 해당하며, 우리가 지구를 무한정 만들 수는 없지
만 지구를 담을 수 있는 가상세계는 데이터 서비스의 공급을 통해서
무한정(지구에 서버를 놓아야 한다면 무한정일 수는 없지만) 확대할 수 있

다. 이 부문에서 아마존은 세계 시장의 선두를 달리고 있으며 넷플릭스, 트위터, 링크드인, 메타 등을 고객으로 거느리고 있다.

▌6G

아직 시장에 상용화되지는 않았지만, 가상현실 기술과 시장에 있어서 게임체인저로 부를 만한 다음 기술은 인공위성과 연결되는 6G다. 여러 기업들이 연구에 착수하고 있으며, 이것이 실현된다면 현재처럼 통신기지망을 건설했을 때 어딘가는 잘 터지고 어디는 잘 안 터지는 격차를 해소하게 되며, 가상현실을 구현하는 데 아직은 느린 여러 서비스들을 현실세계와 동일한 수준으로 경험할 수 있는 서비스를 제공하게 될 것이다. 또한 지금처럼 각국에 여러 통신사들이 난립하는 것이 아니라, 모든 사람들이 인공위성을 공유한 하나의 서비스망에 묶일 수 있게 된다.

예를 들어 A사가 제공하는 A지구, B사가 제공하는 B지구에서 각자의 아바타를 키우고 아파트를 사고 명품을 구매했던 것에서 A지구와 B지구를 넘나들면서 힘들게 키웠던 아바타를 사용하는 것이 된다. 롤(LOL, League of Legends)에서 키웠던 캐릭터를 가지고 히오스(Heroes of the Storm)에서 몹[무리들을 의미하는 말로, 원래 폭력배들을 뜻하는 Mobster(맙스터)의 줄임말이기도 함]들을 사냥한다고 할까? A지구에서 힘들게 모았던 NFT를 가지고 B지구에서 멋진 스포츠카를 구매하는 플랫폼의 통합이 이루어질 것이다.

이처럼 새로운 세계를 이끌어갈 기술들은 남들이 다 하는 기술보다는 시장을 본인의 의지대로 이끌 수 있는 기술을 확보하고 있느냐 없느냐, 내 기술을 사용하는 플랫폼에 참여하는 대상이 얼마나 지배적이냐를 통해 시장선도성을 가늠할 수 있다.

디지털트윈, 가상현실, 메타버스

가상현실과 비슷하게 사용되는 몇 개의 개념어들을 정리해보고 넘어가자. 이들 비슷한 개념어들은 약간의 교집합을 가지기에 혼용되어 사용되기도 하지만, 본질적으로는 서로 약간씩 다른 개념들을 가지고 있기 때문에 관점과 범위에 있어서 차이가 있다.

디지털트윈

첫째는 디지털트윈이다. 이것은 실제와 동일한 가상을 만들어서 서로 연동되도록 만드는 기술을 의미하는데, 배나 자동차를 가상현실에서 만들어서 성능이나 안전성을 실험한다거나 실제 도시공간과 동일하게 가상도시공간을 만들어서 어디가 교통체증이 있는지, 부동산가격은 어떤지, 그 지역을 지나가는 유동인구는 얼마나 되는지를 보여주는 방식이다. 그렇지만 앞에서 설명한 것은 현실공간을 가상공간에 구현하는 일방향만 의미한 것이며, 진정한 의미의 '트윈'이 되기 위해서는 가상공간에서 나타나는 결과가 현실공간에도 투영되는 방식이 되어야 한다.

예를 들면 가상공간에서 교통신호를 변화시키거나 자율주행 자동차를 이동시키면 실제공간에서도 동일하게 나타나야 진정한 의미에서 디지털트윈이라고 할 수 있다. 지금은 아주 초창기 단계로, 홈오토메이션이나 무인드론 전투기 같은 것이 여기에 해당한다.

그렇기 때문에 디지털트윈을 완벽하게 구현하기 위해서는 6G에 해당하는 초고속통신망과 자율주행 같은 기술, 실제공간과 가상공간을 완벽하게 싱크로시키는 그래픽 기술이 필요하다. 가상현실시스템(CPS, Cyber Physical System)은 이와 거의 유사한 개념으로 볼 수 있다.

▌가상현실

둘째로 가상현실은 디지털트윈과 비슷하지만, 현실세계를 복제했는가 혹은 가상만으로 만들어진 것인가의 차이로 둘을 구분할 수 있다. 즉 디지털트윈은 원본이 있는 복제이지만, 가상현실은 완전히 새로운 형태로 창작될 수 있다는 측면에서 차이가 있다. 따라서 디지털트윈은 기본적으로 현실에 있는 사물이나 도시를 가상공간에 구축하는 것을 의미하지만, 가상현실은 굳이 현실에 있는 도시를 만들어야 한다는 제약이 없다는 측면에서 상상력의 한계가 없다.

예를 들어 영화 〈매트릭스〉와 〈레디 플레이어 원〉에서의 가상현실은 실제공간이 가지는 암울한 분위기와는 전혀 다른 모습이었다. 〈매트릭스〉에서의 현실세계는 기계가 지상을 점령하고 하늘은 온통 먹구름에 태양빛이 가려진 암울한 모습이었지만, 가상현실에서는 20세기의 지구를 보여주고 있었다. 〈레디 플레이어 원〉에서도 주인공이 실제 거주하는 현실세계는 슬럼화되고 컨테이너 가건물에서 거주하는 모습이었지만, 가상현실에서는 멋진 스포츠카를 타는 세계로 묘사되었다. 가상현실은 현실에서 경험할 수 없는 것, 상상하는 이상을 경험할 수 있기 때문에 더 매력적인 것일지도 모르겠다.

▍메타버스

셋째로 메타버스는 가상현실과 비슷한 개념이다. 마치 버즈워드처럼 최근에 많이 등장한 용어이기는 하지만, 본질적으로는 가상현실과 크게 다르지 않다. 뿐만 아니라 메타버스는 실제공간을 구현할수도 있다는 측면에서 디지털트윈과도 비슷한 개념이다. 그렇지만표현에 있어 한계가 없다는 측면에서 디지털트윈보다는 가상현실에가까운 개념이라고 해야 할 것 같다.

메타버스와 가상현실과의 차이점이라면, 가상현실은 만들어진 세계 자체에 집중한다면, 메타버스는 만들어진 세계에서 만들어가는사람들의 관계·사회망·네트워크에 집중한다는 점이라고 할 수 있다. 실제로 메타버스가 주목받았던 것은 현실과 동일하게 혹은 현실

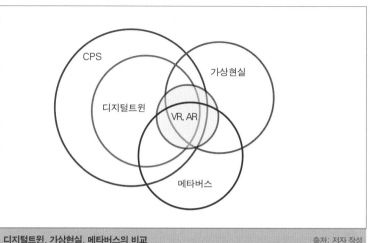

디지털트윈, 가상현실, 메타버스의 비교   출처: 저자 작성

처럼 착각을 일으키게 만드는 멋진 3차원 그래픽으로 만들어진 도시의 모습 때문이 아니라, 좀 촌스럽고 투박하게 만들어졌더라도 사람들이 그 안에 들어와서 소통하고 관계를 만들어가는 과정이었다. 메타버스 관련 기업들이 VR·AR과 같은 입출력 장치 개발에 집중하는 것은 네트워킹을 원활하게 하고 사용자가 최대한 편리하게 가상 공간 속에서 체험할 수 있도록 하기 위해서다.

예를 들어 메타버스 플랫폼으로 많이 알려진 로블록스(Roblox)의 경우 실제 만들어진 세계는 현실처럼 보이는 세계와는 거리가 멀고 마치 레고블록으로 만들어진 세계와 같은 모습이었으며, 개더타운(Gather.town)의 경우는 3차원도 아니고 2차원 맵의 형태로 만들어진 매우 단순한 구조였다. 그렇지만 이들 메타버스 플랫폼이 각광받았던 것은 그 컴퓨터상에 만들어진 공간에 사람들 다수가 접속해서 서로 소통이 가능했기 때문이었다.

현재는 다수의 이용자들이 접속했을 때 하드웨어 리소스 측면이나 네트워크상의 문제로 인한 제약이 있긴 하다. 하지만 언젠가는 결국 네트워크가 구성되면서 3차원의 현실감 있는 가상현실 플랫폼이 메타버스로 등장하게 될 것이라고 예상한다.

스마트시티와 가상현실

스마트시티

　최근 스마트시티라는 개념이 도시계획 분야에서 이슈로 떠올랐다. 스마트시티는 빅데이터, 인공지능, 네트워크 기술 등 정보통신기술을 바탕으로 도시가 가지고 있는 문제들을 해결하는 것을 목표로 하고 있다. 한국의 제도권에도 스마트시티라는 개념이 포함되어 있지만, 전 세계 국가들이 스마트시티를 연구하고 자국의 도시들을 스마트시티로 만들려고 노력하고 있다는 측면에서 앞으로도 지속될 개념이다.

　도시계획 분야에서 정보통신기술이 등장한 것은 이미 50년이 넘었으며, '정보통신기술이 도시를 어떻게 바꿀 것인가'에 대해 끊임없이 논의되었다. 한국에서는 2000년대 중반 '유비쿼터스 도시'라는 개념으로 정보통신기술이 적용된 미래형 신도시 개발이 시작되었으며, 2010년대 중반 '스마트시티'라는 개념으로 진화하면서 신도시뿐만 아니라 기존 도시의 문제 해결까지 아우르는 확장된 개념으로 변화되었다.

또 하나의 변화는 기존의 유비쿼터스 도시개념이 도시를 만드는 데 집중했다면, 스마트시티는 데이터 기술을 활용해 서비스와 비즈니스를 개발하는 데도 집중하고 있다는 데에 있다. 그래서 스마트시티의 경우 겉으로 드러나지 않는 도시와 관련된 데이터를 기반으로 한 도시산업을 육성하거나 시민들을 위한 서비스를 개발하는 데도 집중한다. 바로 여기에서 스마트시티와 가상현실의 연결지점이 있다.

스마트시티   출처: 아틀란티스 스마트시티 솔루션

▌가상현실 기술들

디지털트윈이나 가상현실, 메타버스와 같은 기술들은 스마트시티 개념이 도입되면서 보다 구체적으로 실현되기 시작한다. 실제 도시공간이 변화하지는 않았지만, 데이터기술을 기반으로 실제 도시공간이 시민들에게 제공하는 서비스를 개선하는 효과가 있다는 것을 인식하기 시작했다.

대표적으로 알려진 것은 싱가포르의 '버추얼싱가포르(Virtual Singapore)' 모델이었다. 프랑스 기업인 다쏘(Dassault Systemes)에 의해 구현되는 컴퓨터 시뮬레이션 기술을 기반으로 해 싱가포르 전체를 컴퓨터 가상공간에 입력시킨 모델로, 일종의 디지털트윈이라 할 수 있다. 싱가포르는 이 모델을 기반으로 교통량분산, 화재 등 도시재해의 관리, 부동산가격 정보제공 등 다양한 시민 서비스를 제공했다. 싱가포르가 도시국가였기 때문에 비교적 쉽게 국가 전체를 컴퓨터 가상공간에 구현할 수 있었다. 또한 국가경제 자체가 금융·교육에 특화되어 대규모 중화학공업을 육성하는 것보다 시민들의 서비스를 개선하는 것이 효과적이라는 싱가포르 국가경제의 특성에도 맞았다.

어찌 되었건 이러한 버추얼싱가포르 모델은 스마트시티에서 실제 도시공간을 부수고 짓는 것이 아니지만, 시민들의 삶의 질을 개선시킬 수 있음을 보여주는 모델이었다. 그것은 스마트시티 정책과 기술이 가상현실 기술과 만나는 순간이었다.

코로나19가 가상현실 산업에 미친 영향

가깝게 다가온 가상공간들

코로나19는 2019년부터 시작되어 인류사에 굉장히 큰 충격을 안겨주었고, 미래에 큰 변화를 유발할 충격을 전달했다. 정치·경제·산업·문화 등 모든 분야에 영향을 미쳤지만, 공간 측면에서 살펴보면 코로나19는 인간의 일상적인 삶에서 가상현실을 대안으로 선택할 수 있음을 보여주었다는 측면에서 큰 의미가 있다.

코로나19와 같은 대규모 감염병이 없었다면 아마 가상공간 기술과 산업은 지금처럼 급격히 익숙하게 되는 데 한계가 있었을 것이다. 특히 대학이나 학술단체와 같이 전통적으로 보수적인 성격을 가진 집단에서는 온라인으로 지식교류를 전달하는 데 매우 제한적인

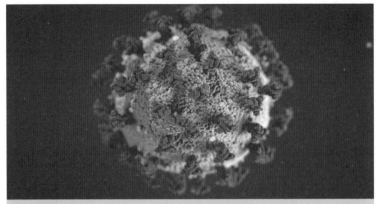

코로나19 바이러스   출처: FDA

움직임이었다. 그렇지만 한국의 많은 대학들도 거의 대부분의 강의
가 온라인으로 진행되었으며, 학회도 온라인으로 진행되는 것이 더
편리하다고 생각하는 사람들이 많아졌다. 후세에 아마 코로나19는
가상공간을 빠르게 정착시킨 대표적인 사건으로 기억되지 않을까.

온라인 강의 플랫폼

사람들이 모여서 어떤 행위가 이루어지는 공간들은 모두 가상공
간의 형식으로 전환되는 연습을 억지로 하게 되었는데, 대표적인 곳
이 바로 학교라는 공간이다. 학교는 학생들을 한데 모아서 교사 혹
은 교수가 학생들에게 지식을 전달하고 습득하는 교환이 이루어지
는 공간이었다. 이 프로세스 중 '모아서'라는 부분에서 코로나19는
단절을 가져왔고, 그 결과 줌(Zoom)과 같은 온라인 가상공간 매체가
등장하게 되었다.

도입 초기에는 접속불량이나 불편함과 같은 우려와 문제가 제기되기도 했다. 하지만 익숙해진 이후에는 오히려 많은 교사·학생·학부모가 이러한 방식의 교육의 효율성을 다시 긍정적으로 생각하게 되었다.

사실 이전에도 이러한 온라인 방식의 교육시스템은 외국대학의 수업을 들을 수 있는 코세라(Coursera)나 에드엑스(edX) 같은 서비스들이 있었고, 미네르바대학교라는 새로운 방식의 대학도 등장한 상태였다. 그렇지만 코로나19는 이러한 가상공간으로의 교육시스템의 변화를 더 빠르게 앞당기는 역할을 했다.

▌가상오피스

사람들이 모여서 행위가 이루어지는 공간으로는 업무공간도 있다. 업무공간 역시 코로나19의 영향으로 사람들이 출근하지 못하는 상황이 발생하게 되었고, 굳이 대면방식의 업무를 하지 않아도 되는 온라인 기업들은 빠르게 가상공간으로 자신들의 업무공간을 이전하기 시작했다.

구글 같은 경우 출근 대신 온라인으로 업무를 보는 방식이 일상화되었으며, 국내 대기업들도 원래 있었던 업무공간 대신 지역별로 거점 오피스를 두곤 그곳에서 팀원들과 가상공간에서 만나는 방식의 업무방식 변화를 가져왔다.

또한 재택근무가 일상화되다 보니 집에서의 다양한 업무회의들이 늘어나게 되었고, 그 결과 보다 넓은 집을 구하려고 하는 사람들이 부동산 시장에 등장하기도 했다. 가상현실을 위한 공간이 실제공간에서 실현되는 방식이라고 할 수 있다.

▎이커머스

가장 드라마틱하게 변화된 곳은 도시 내 유통시설이었다. 가장 사람들이 접근하기 쉬운 곳에 대형 백화점이 들어오고, 사람들은 백화점에서 다양한 물건을 구경하거나 구매하는 방식이 기존의 전통적인 상업입지 선택방법이었다. 그렇기 때문에 이러한 지역이 가장 비싼 땅값을 형성했고, 서울의 명동이나 삼성역 등이 대표적인 곳이었다. 이러한 공간 배정방식의 승자는 대규모 유통판매시설이었고, 백화점 사업주들이 이 시장을 지배했다.

그렇지만 코로나19는 이러한 산업도 변화시켰는데, 전통적인 백화점들이 무너지고 온라인 쇼핑몰들이 그 시장을 빠르게 선점해갔다. 아마존과 한국의 쿠팡이 대표적인데, 이들은 도심에 시민들이 대규모로 밀집할 수 있는 비싼 땅이 아니라 서울과 인접한 수도권에 저렴하면서 대규모 땅을 확보할 수 있는 땅들을 구매해 물류창고들을 건설하기 시작했다. 이 역시 가상현실 공간이 실제공간을 변화시킨 사례라 할 수 있다.

글로벌기업은 왜 가상현실에 투자하나?

▌ 페이스북과 메타

2021년 10월 28일 페이스북의 창업가이자 CEO인 마크 저커버그는 큰 결단을 내린다. 페이스북은 페이스북 서비스가 중요한 캐시카우였기 때문에 회사명을 바꾸는 것은 쉽게 결단 내릴 수 없는 일이었다. 벤츠나 나이키가 회사 이름을 바꾸는 것을 상상할 수 있는가? 그렇지만 마크 저커버그는 큰 결단을 내리는데, 회사명을 페이스북에서 '메타(Meta)'로 바꾸기로 발표한 것이었다. 회사명을 바꾸면서 마크 저커버그는 다음과 같이 선언했다.

"이제 우리에겐 페이스북이 1순위가 아니다. 메타버스가 새로운 미래가 될 것이다."

저커버그가 페이스북이라는 회사명을 버린 것이 어떤 결과를 가져올지는 아직 속단하긴 이르다. 정말 잘 선택한 것일 수도 있고, 한순간에 쌓아올렸던 브랜드 가치를 포기하는 결과를 가져올지도 모르겠다. 그렇지만 페이스북이 '메타'라는 이름으로 회사명을 변경한 것은 앞으로 등장할 몇 개의 사례를 통해 상당히 많은 시사점을 준다. 왜 글로벌 빅테크 기업들이 가상현실에 투자하고 있을까?

이날 저커버그는 '커넥트 콘퍼런스'를 열고 페이스북이 이끌어갈 메타버스 관련 사업들을 혼자서 발표하는 모습을 보여줬다. 메타버스의 정의를 발표하는 것부터 시작해서 페이스북이 출시하게 될 메타버스 서비스를 소개하고, 본인이 스스로 메타버스상에서 펜싱 게임을 하는 모습을 보여줬다. 메타버스상에서 등장하게 될 개인정보 보호나 기술적인 문제에 대한 답을 직접 하는 모습을 보여줬는데, 그만큼 저커버그가 페이스북을 메타버스 기업으로 전환하겠다는 의지를 보여주었다고 평가받았다.

저커버그는 "메타버스가 무엇인가"라는 질문에 대해 "메타버스는 인터넷 클릭처럼 쉽게 시공간을 초월해 멀리 있는 사람과 만나고 새로운 창의적인 일을 할 수 있는 인터넷 다음 단계"라고 답했다. 이 메타버스를 통해 우리가 상상할 수 있는 거의 모든 일을 할 것이라고 저커버그는 예견했는데, 사무실이나 콘서트장으로 텔레포트할 것이라는 답변에서 저커버그의 사업모델이 가상공간을 기반으로 하고 있음을 알 수 있다.

사실 페이스북의 모델이 사람들 간의 관계망을 컴퓨터 인터넷망에 구현하는 것이니, 이는 텍스트와 사진으로 구축된 개념을 가상공간의 개념으로 확장하는 것으로, 2차원의 서비스에서 3차원의 서비스로 확장하는 것이므로 어느 정도 페이스북의 변화는 예상 가능한 것이었다. 거기에 AR·VR 콘텐츠의 확대나 이와 연계된 게임산업의 성장, 메타버스 게임인 로블록스의 성장과 같은 시장동향도 한몫을 하게 되었다.

다음 단계에서 저커버그가 할 일은 2차원 텍스트와 이미지로 구축된 플랫폼을 3차원, 공간 기반으로 전환하는 것이었고, 수많은 크리에이터들을 새로 구축된 플랫폼에 안착시키는 것이었다. 때문에 저커버그는 상대적으로 굉장히 저렴한 가격에 오큘러스2 모델을 배포하기 시작했고, 메타버스용 크리에이터들을 양성하기 위해 1.5억 달러를 투자하겠다는 발표를 했다.

어쩌면 사람들의 네트워크를 기반으로 사업을 확장해왔던 페이스북과 같은 SNS 서비스 기업이 사업을 가상공간으로 확장시키는 전략은 정해진 수순일지도 모르겠다. 더 현실감 있는 사람들 사이의 네트워크를 구축하는 것이 목표일 테니 말이다. 그렇다면 다른 사업 모델을 가지고 있었던 기업들은 어떨까?

▌마이크로소프트의 블리자드 구매

2021년 11월 2일 마이크로소프트는 온라인으로 개최한 글로벌 콘퍼런스인 '이그나이트(Microsoft Ignite 2021)'를 통해서 메타버스로의 진출을 선언했다. 이날 사티아 나델라 CEO는 MS의 '메시(Mesh)'라는 3차원 그래픽 솔루션과 '팀스(Teams)'라는 MS의 화상회의 솔루션을 합해서 자신과 꼭 닮은 3차원 아바타를 통해 화상회의를 쉽게 진행할 수 있는 서비스를 제공하겠다고 밝혔다.

또한 MS는 인공지능 기술을 결합해서 아바타의 화상채팅과 함께 회의내용의 자동번역 등도 실현할 것으로 밝혔다. 가상공간에서의 회의내용이 실제 효용성을 가질 수 있도록 서비스를 제공하겠다고 밝힌 것이다.

이처럼 마이크로소프트는 실리콘밸리에 있는 대표 빅테크 기업으로서 메타버스에 접근하고 있다. 대표적인 방식은 몇 개의 메타버스 관련 게임기업들을 매입한 것을 들 수 있다.

2014년 마이크로소프트사는 3차원 메타버스 게임인 마인크래프트(Minecraft)를 모장(Mojang)으로부터 25억 달러에 인수했다. 다소 갑작스러운 인수였지만, 당시 제프 테퍼 기업부사장(CVP)은 마인크래프트를 인수한 이유를 '개발 툴'이라는 단어로 설명했다. 사람들이 마인크래프트를 통해 3차원 가상현실세계로 확장하는 데 익숙해졌을 경우 얻게 되는 혜택을 생각한다고 밝혔다. 이는 많은 사람들, 특히 게임에 익숙한 어린층이 이러한 3차원 가상세계 개발 툴에 익숙한 모습을 구축하고자 한 것이며, 이것이 현재 MS의 주력상품인 오피스나 윈도우를 대체하게 될 미래를 준비하는 것이라 할 수 있다.

이러한 마이크로소프트사의 가상현실 게임 개발사 인수는 2022년 한 번 더 깜짝 놀랄 뉴스로 등장했다. 2022년 1월 18일 687억 달러에 블리자드사를 인수한 것이었다. 블리자드사는 스타크래프트로 유명한 게임회사이지만, 이후 월드오브워크래프트나 오버워치와 같이 3차원 그래픽을 기반으로 사람들 사이에서 관계망을 형성하는 가상현실 방식의 게임을 개발한 것으로도 유명하다.

이 인수는 마이크로소프트의 역사상 최대 M&A다. 이전까지 최대 인수 규모는 전문가들을 위한 사회관계망 서비스인 링크드인(LinkedIn)을 인수할 때의 262억 달러였다. 또한 이는 게임회사 차원에서도 최대의 M&A였는데, 이전까지의 최고 기록은 테이크투 인터랙티브의 인수 금액인 127억 달러였다.

어찌 되었건 어마어마한 가격에 게임사를 인수한 마이크로소프트의 행보는 많은 궁금증을 불러일으켰다. 블리자드가 매력적인 콘텐츠를 다수 확보하고 있는 것은 사실이었지만, 인수 금액을 생각하면 게임 콘텐츠만은 아니었던 것으로 예상되었다.

마이크로소프트의 인수발표 공식 성명을 보면 이 인수가 마이크로소프트의 메타버스 진입을 장기적인 목표로 하고 있는 것을 알 수 있다. 마이크로소프트의 CEO 사티아 나델라는 "게임은 오늘날 모든 플랫폼에서 가장 역동적이면서 흥미로운 엔터테인먼트 카테고리이며, 메타버스 플랫폼 개발에서도 핵심적인 역할을 할 것"이라고 언급하면서 블리자드 인수의 이유에 메타버스가 있음을 밝혔다. 뿐만 아니라 필 스펜서는 "마이크로소프트의 메타버스 비전은 강력한 프랜차이즈에 뿌리를 내린, 상호 교류하는 글로벌 커뮤니티"라며 이번 인수가 "우리의 소비자로 하여금 메타버스 진입을 더욱 강화할 것이다"라고 밝히기도 했다.

이러한 게임사 인수뿐만 아니라 마이크로소프트는 가상현실을 구축할 수 있는 다양한 능력을 갖추고 있는데, 첫째는 마이크로소프트

애저(Microsoft Azure)를 통해 확보한 클라우드서버 기술이다. 가상공간을 만들더라도 가상공간에 대한 막대한 데이터를 저장하고 일반인들이 불편하지 않게 접속할 수 있는 서버가 필요하게 되는데, 아마존에 이어 업계 2위를 형성하고 있는 마이크로소프트의 클라우드서버 기술은 우선 가상현실을 저장할 수 있는 토대를 구축했다는 점에서 강점을 가진다. 둘째로 마이크로소프트는 AR기기인 홀로렌즈를 가지고 있기 때문에 가상현실을 입출력할 수 있는 기술도 확보하고 있는 것이었다. 셋째로 2014년 이미 인수한 마인크래프트를 통해 마이크로소프트가 목표로 하는 메타버스를 양성할 어린 인재들에게 눈도장을 찍은 상태였고, 이제 가상현실 공간을 만들고 그 안을 콘텐츠로 채울 일만 남은 상태였다. 그리고 진행한 것이 블리자드의 인수였다. 이처럼 마이크로소프트는 강력하게 차근차근 메타버스를 준비하고 있다.

▎구글의 가상현실 투자

애플과 함께 모바일 시장에서 지배적인 플랫폼 생태계를 구축한 구글의 경우도 가상현실에 대한 투자가 이어지고 있다. 구글의 경우 다른 여타의 빅테크 기업에 비해 특징적인 가상현실 플랫폼을 가지고 있는데, 그중 첫 번째는 전 세계를 3차원 지도로 구현한 구글어스(Google Earth)다.

국가별로 차이가 있기는 하지만, 기본적으로 3차원 지도로 구현되어 있기 때문에 전 지구가 디지털트윈 형태의 가상현실 속에 구현

구글어스상의 도시 이미지 출처: 구글어스

되어 있는 것이나 마찬가지다. 구글어스는 2005년 6월 28일에 처음 배포되었는데, 전 세계의 모습을 위성사진 형태로 볼 수 있는 획기적인 프로그램이었다. 구글지도, 구글내비게이션과 함께 지리공간 정보, 지형정보, 건축 및 도시 분야에서 꼭 필요한 혁신적인 프로그램이 되었다. 인공위성 데이터로 계속 업데이트하고 있고, 지구본처럼 지구를 3차원으로 묘사했기 때문에 굉장히 정확하며, 현실세계의 지구가 모두 표현되어 있다고 해도 과언이 아니다.

특히 점차 전 세계 도시의 모든 건축물과 자연환경을 3D로 재현하는 프로젝트를 진행하고 있는데, 이미 일부 도시들의 경우에는 상당히 정밀한 수준의 3차원 컴퓨터 그래픽으로 완성되어 있다. 대표적으로 미국을 비롯해서 영국·프랑스·독일과 같은 유럽 국가들과 캐나다·호주·뉴질랜드·남아공과 같은 영연방 출신 국가들, 중국·대만·일본도 구축되어 있다. 브라질·아르헨티나 같은 남아메리카 국

구글지도의 몰입형 뷰(Immersive View)　　　　　출처: CNET Highlights

가들도 정밀한 3차원 컴퓨터 그래픽으로 도시의 모습이 구현되어 있는 상황이다.

뿐만 아니라 구글어스에는 유저들이 사진을 올릴 수 있도록 되어 있는데, 이를 통해 유저들이 구글어스를 계속 사용하게끔 만들고 있다. 구글어스의 위성사진과 유저들이 올리는 수많은 이미지 데이터, 특정한 길을 따라서 아이레벨의 경관을 볼 수 있는 구글스트리트뷰들은 가끔 정말 신기한 공간이 의도치 않게 보여지는 경우들이 나타나기도 한다. 이처럼 구글어스는 다른 빅테크 기업들이 갖추지 못한 가상의 지구를 나타내는 가상현실 플랫폼을 가지고 있다는 측면에서 차이점을 가지고 있다.

이러한 구글어스 이외에도 구글은 여러 가지 가상현실 플랫폼을 가지고 있는데, 대표적인 것이 AR을 실현시켜주는 것으로 알려진 구글 글래스다. 구글 글래스는 구글이 2011년에 공개한 웨어러

블 기기로서, 개념은 VR과는 달리 현실세계와 가상세계를 같이 볼 수 있도록 하는 장치였다. 그렇지만 처음에 1,635달러라는 비싼 가격에 내놓았으며, 일상적으로 사용하게 하겠다는 취지에 비해서 매일 쓰고 다니기에는 안경의 디자인이 어색했기 때문에 큰 성공을 거두지 못했다. 2012년에 상용화 제품을 출시하겠다고 발표했지만, 실제로는 2022년까지도 상용화 제품을 내놓지 못하고 있어 구글의 흑역사로 남아 있다. 그렇지만 언제라도 다시 재개할 수 있기 때문에 이 제품이 가지는 기술적 가능성은 아직 남겨둬야 할 것 같다.

기본적으로 구글 글래스는 굉장히 얇은 렌즈가 장착된 디자인으로 현실세계와 가상세계를 연동해서 보려고 하는 AR 방식을 채택하고 있다. 모니터 역할을 하는 프리즘, 프로세서와 배터리 등 중요 프로세서를 담고 있는 안경테, 렌즈와 시선추적 센서를 달고 있는 안경 앞쪽 테, 프리즘 반대쪽에 붙은 무게추로 구성되어 있다. 모니터

구글 클래스   출처: 구글

역할을 하는 양쪽 렌즈에 해당하는 프리즘은 모든 화면이 가상현실을 투사하는 방식이 아니라 현실세계에 덧입혀진 가상현실을 보는 방식으로 되어 있다. 이 밖에도 재미있는 기능들이 많이 탑재되어 있는데, 모션센서가 얼굴을 돌리거나 하는 움직임을 인식한다거나, 적외선 카메라를 통해서 시선을 추적한다거나, 마우스 입력과 같은 기능을 한다거나 하는 등이다.

이 조그만 안경에 수많은 기능을 담다 보니, 당연하게도 몇 가지 문제가 있었을 것이다. 대표적인 것이 이들을 모두 구동하는 배터리 문제이고, 처음 발표했을 당시 느렸을 인터넷 속도도 문제였을 것이다. 그렇기 때문에 초기모델은 스마트폰의 블루투스 테더링을 통해 네트워크 연결을 하는 방식이었다.

발열의 문제는 차치하고라도 AR로 볼 수 있는 콘텐츠가 많지 않았던 것도 문제였을 것이다. 이 안경을 쓰고 다니면서 내가 가는 길의 맛집은 어디에 있고 내 앞에 있는 사람의 정보는 어떤지 알고 싶어서 안경을 쓰는 것인데, 이런 콘텐츠와 지식 생태계가 없이는 성공하기 어려웠을 것이다. 몰래카메라나 프라이버시 침해, 해킹과 같은 정책적 문제점도 구글의 발목을 잡았다. 심지어는 구글의 공동 창업주이자 회장이었던 에릭 슈밋이 2013년 4월 25일 하버드대학교 케네디스쿨 강연에서 "구글 글래스를 낀 사람이 나에게 말을 거는 광경이 매우 이상했다"라고 밝히기까지 했다.

2022년 구글 I/O에서 발표한 AR 글래스의 프로토타입에는 이 안경을 쓰는 이유가 하나 추가되었는데, 그것은 번역이었다. 자연어 번역은 구글에서 오랜 기간 인공지능을 통해 구축해온 영역이고, 그만큼 수요도 있는 부분이었다. 결국 이러한 서비스의 성공은 기술력이 아니라 콘텐츠에 있다는 것을 보여주는 사례다.

▍ 애플의 리얼리티 OS

빅테크 기업들 중에서 고객들의 충성도와 자체적으로 구성한 압도적인 플랫폼에 있어서 어떤 타 기업들보다 강력한 기업인 애플 역시 이 플랫폼을 기반으로 새로운 디지털 환경에 진출을 주저할 이유가 없었다. 애플은 향후 가상현실·증강현실 운영체제인 리얼리티 OS(reality OS)를 오픈할 것으로 발표했다. 또한 AR 헤드셋을 포함해 몇 가지 제품군을 발표할 것으로 예상되고 있다.

그렇지만 애플의 전략은 다른 경쟁사들처럼 급박하지 않은 것처럼 보이는데, 적어도 애플은 가상현실에 있어서는 다른 모든 사람들이 시도해볼 때까지 기다렸다가 그다음에 자체적으로 혁신적인 제

안을 하려는 위치에 있는 것 같다. 조너선 아이브는 이렇게 말한 적
이 있다. "'다름'과 '새로움'은 비교적 쉽다. 진정으로 더 낫게(better)
만드는 건 굉장히 어렵다."

사실 애플의 전략은 시장에서 완전히 새로운 것을 창조하는 것보
다는 기존에 나와있던 혁신적인 아이디어들을 하나로 묶고, 생태계
를 구성하며, 그것을 열광적인 팬들과 매력적인 디자인으로 아우라
를 형성하는 데 있어왔다. 즉 애플이 시작하면 그것은 이미 주류가
되었다는 뜻이다.

삼성의 입는 로봇

지금까지 외국의 빅테크 기업들의 가상현실 시장진출을 살펴봤지
만, 우리나라에도 중요한 빅테크 기업들이 있다. 삼성은 전통적으로
소프트웨어보다는 하드웨어 제작에 강점이 있는 기업이었기 때문에
MR(혼합현실)을 실현하기 위한 입출력장치에 집중하는 모습을 보이

고 있다.

2022년 삼성전자는 '경험'을 제공하겠다는 콘셉트로 사업부문의 이름을 DX(Device eXperience), MX(Mobile eXperience) 사업부로 바꾸면서 로봇과 메타버스를 차세대 사업 분야로 공식화했다. 2022년 3월 16일 삼성전자 정기 주주총회에서 한종희 삼성전자 대표이사 부회장은 미래 성장 모멘텀을 이끌 주력산업으로 '로봇사업'을 선언했는데, 가전과 반도체로 성장했던 삼성이 내놓을 수 있는 다음 전략으로 주효했다고 본다.

특히 삼성전자가 생각하는 경쟁력은 보스턴다이내믹스나 도시바와 같은 완성형 로봇보다는 사람의 '경험'을 돕는 웨어러블디바이스를 들 수 있는데 이른바 젬스(GEMS, Gait Enhancing and Motivation System), 입는 로봇이다. 예를 들어 고관절 로봇인 '젬스 힙(Hip)'은 고령자나 일반인이 더 빨리 쉽게 걷게 해주는 기능을 가지고 있으며, 미국 특허청에 출원한 'AR 글래스' 디자인은 사용성이 극대화된 AR 안경으로 사람의 시각 경험을 극대화해주는 작은 로봇이다. 얼마나 많은 새로운 유형의 가전제품들이 등장할지 기대된다.

▌네이버의 디지털트윈, 카카오모빌리티의 디지털트윈

글로벌 대기업들과 마찬가지로 국내 기업들도 디지털트윈에 푹 빠졌다. 디지털트윈은 현실과 별개인 가상세계 메타버스와 달리 현실의 상태를 디지털 공간에 실시간으로 반영하는 것이 특징이므로, 사람이나 자동차뿐만 아니라 공장·도시, 심지어 지구까지 복사해 가상공간에서 가동시킬 수 있다.

　이 시장에 마이크로소프트·엔비디아 같은 글로벌 빅테크 기업뿐 아니라 네이버·카카오·SK텔레콤·현대차 같은 국내 대기업들이 속속 뛰어들고 있다. 글로벌 시장 조사 기관 루츠 애널리시스에 따르면, 전 세계 디지털트윈 시장은 2026년 333억 달러에서 2035년 1,153억 달러로 크게 성장할 전망이다.

　네이버의 경우 대표적으로 자율주행 디지털트윈 모델을 들 수 있다. 네이버는 2016년 첫 번째 디지털트윈 실내 자율 주행 로봇 'M1' 을 공개했으며, 이어 네이버는 로봇·차량·비행기를 활용한 입체 고정밀 지도 제작에 성공했다. 고정밀 지도는 자율주행 상용화의 핵심 기술로 꼽히기도 한다.

　네이버는 이후 서울시·인천공항·부평역·국립중앙박물관 등 실제 공간을 가상공간 속 디지털트윈으로 복제했다. 네이버는 2022년에 그동안 전사적 기술 역량을 쏟아온 인공지능·로봇·디지털트윈 기술을 융합한 새로운 메타버스 플랫폼 '아크버스'를 선보인 바도 있다. 또한 네이버는 "일본 소프트뱅크와 손잡아 일본 내 도시들을 디지털트윈으로 옮기는 프로젝트도 시작할 것"이라고도 했다.

　카카오도 자율주행 서비스를 위한 디지털트윈 진출을 선언했다. 카카오 자회사 카카오모빌리티는 2022년 2월 열린 첫 테크 콘퍼런스에서 "2022년을 디지털트윈 제작 원년으로 삼아 이동의 미래를 준비해나가겠다"며 디지털트윈용 모바일 지도 제작 시스템 '아르고스'를 소개했다. 카카오모빌리티는 디지털트윈 고도화를 위해 2021년 11월에 지도 제작 스타트업 스트리스를 인수하기도 했다.

도시설계회사들의 메타버스 진출

도시설계회사들도 속속 메타버스에 진출하고 있다. 국내의 대표적인 도시설계회사인 해안건축(Haeahn Architecture)은 2021년 BIM 스마트어워드에서 메타버스를 활용한 설계 작품으로 참가한 바 있다. 해안건축은 건축디자인 단계부터 건축모델링 툴 라이노를 활용해 건축물 외피를 데이터화함으로써 결과물을 도출했다. 이 설계 과정은 일반적 BIM 결과물 도출을 넘어 메타버스 공간을 구축한 것으로 알려졌다.

유명 건축가 자하 하디드(Zaha Hadid, 1950~2016)가 설립한 건축 회사 자하하디드 아키텍츠(Zaha Hadid Architects)는 라이버랜드(Liberland)라는 메타버스에서 사이버도시(Cyber-urban)를 개발중이

자하 하디드가 디자인한 사이버도시   출처: Zaha Hadid Architects(ZHA)

다. 사람들은 클라우드 기반 메타버스를 통해 라이버랜드 메타버스에 액세스가 가능하며, 사이버도시의 암호화 인큐베이터 안으로 들어가게 되면 도시의 행정관 건축물 및 광장, 전시관 등 자하하디드 아키텍츠가 설계한 건축물에 방문하는 것이 가능하게 된다.

설계 단계부터 가상현실(VR), 증강현실(AR)을 활용해 메타버스에서 건축물을 시뮬레이션하게 될 경우 건축시공 단계에 발생하는 리스크를 줄일 수 있어서 만족도가 높아지고 있으며, 메타버스 시뮬레이션을 요구하는 발주자가 증가할 전망이다.

새로운 산업혁명과 새로운 삶의 방식들

새로운 산업혁명

새로운 산업혁명의 시대다. 원래 4차 산업혁명은 클라우스 슈바프(Klaus Schwab)가 의장으로 있는 세계경제포럼(WEF, World Economic Forum)에서 2016년 제안된 용어였다.

제러미 리프킨(Jeremy Rifkin)이 주창한 3차 산업혁명(The Third Industrial Revolution)이 디지털혁명(Digital Revolution)으로 대표되어 개인용 컴퓨터, 인터넷 및 정보통신기술을 포함하고 있기 때문에 3차 산업혁명과 4차 산업혁명의 차이점에 대해 정확하게 구분 짓지 못하는 경우도 있었다. 그렇지만 4차 산업혁명은 3차 산업혁명의 토대 위에 있으며, 데이터·네트워크·인공지능으로 대표되는 산업구조를 보여주고 있다.

간단하게 구분하자면 3차 산업혁명의 시대에는 하드웨어를 만들던 IBM이 대표적인 기업이었다면, 4차 산업혁명의 시대에는 디지털 플랫폼을 만드는 구글이 대표적인 기업이라고 할까? 3차 산업혁명이 주로 하드웨어 혁명에 집중하고 있다면, 4차 산업혁명은 그 하드웨어에 의해 축적된 데이터들이 산업혁신을 이루어내는 것을 들 수 있다.

때문에 4차 산업혁명은 세상에 존재하는 여러 현상들을 대규모 데이터로 변환해 네트워크를 통해 통합하고 인공지능으로 분석해 해결책 혹은 솔루션을 제공하는 방식의 산업의 등장을 획기적으로 이끌어냈다. 세상에 존재하는 여러 현상들이 모두 디지털 데이터로 치환되기 시작했기 때문에 다양한 분야의 데이터들이 취합되기 시작했다. 4차 산업혁명의 경우 로봇공학, 인공지능, 나노기술, 양자프로그래밍, 생명공학, IoT, 3D프린팅, 자율주행, UAM(Urban Air Mobility), 블록체인 등 대규모의 데이터를 기반으로 한 기술들이 새롭게 등장했다.

▌새로운 기업과 새로운 산업들

2010년대 중반의 거대 IT 기업인 페이스북(Facebook), 아마존(Amazon), 애플(Apple), 넷플릭스(Netflix), 구글(Google)을 통칭하는 신조어인 FAANG는 이러한 4차 산업혁명에 가장 적합하게 진화한 서비스를 제공하는 기업들을 대표하고 있다. FAANG는 2010

페이스북　　아마존　　애플　　넷플릭스　　구글

FAANG 기업들　　　　　　　　　　　　　　출처: 미디엄

년대 초 TGIF라는 용어로 묶인 트위터(Twitter), 구글(Google), 애플 (iPhone), 페이스북(Facebook)으로 대표되는 혁신 기업 중에서 트위 터가 제외되고 아마존과 넷플릭스가 새롭게 추가되면서 등장한 용 어이고, 원래는 CNBC의 프로그램 진행자 짐 크레이머(Jim Cramer) 가 처음 사용했던 용어로 알려져 있다. 이들은 2010년대 중반 미국 의 주가를 이끌었으며, 지금도 이들의 주가 변동에 따라 전 세계 증 시가 크게 출렁거린다.

2020년대 현재는 페이스북이 다소 저성장세이면서 이름을 메타 (Meta)로 바꾸었고, 넷플릭스가 여타의 OTT 시장에서 디즈니+나 애 플TV+와 같은 후발 서비스들에 따라잡혔으며, 마이크로소프트가 꾸준한 성장을 보여주면서 마이크로소프트(Microsoft), 애플(Apple), 구글(Google), 아마존(Amazon)으로 구성된 MAGA로 대체되고 있다. 앞으로 기업의 성장과 혁신 정도에 따라 다른 용어로 변경될 수도 있겠지만, 이들이 모두 데이터 산업을 기반으로 하는 기업들이라는 점은 동일하다.

CHAPTER 1 가상현실과 미래의 도시　　**69**

■ 새로운 삶의 방식

　이러한 새로운 산업혁명으로 삶의 방식은 어떻게 바뀌었을까? 미래에 등장할 도시를 예측하기 위해서 가장 좋은 방법은 미래의 도시에서 사는 사람들의 삶의 방식을 하나하나 예측해보는 것이다. 이러한 새로운 산업들의 등장으로 우리의 삶이 어떻게 변화되었는지를, 앞서 소개한 새로운 기업들 혹은 이들 기업들과 유사한 한국의 기업들의 서비스를 중심으로 한번 생각해보자.

　먼저 페이스북의 경우 대표적으로 사람들 간의 관계망을 기반으로 하는 서비스다. 고대철학자 아리스토텔레스가 말한 대로 인간은 사회적 동물이므로 사회적 관계망을 맺는 방식은 예전부터 있어왔다. 페이스북과 같은 사회관계망 서비스는 사회적 관계를 맺는 방식을 디지털화함으로써 대면방식의 관계망에서 비대면 혹은 관계망에서 확장되는 방식의 관계망 확대방식을 가지고 있다. 그렇기 때문에 내가 실제로는 한 번도 본 적이 없는 사람과도 페이스북 안에서는 친구가 될 수 있고, 얼마든지 관계망을 넓혀나갈 수 있다. 페이스북이 확장하고 있는 메타를 기반으로 AR·VR기기가 확장되면 키보드를 통해 맺는 관계망이 아니라 영상정보로 진화된 입출력 방식을 통해서 거의 실제와 같은 방식의 관계망을 이어나갈 것이다.

　아마존의 경우 원래는 서적을 배송해주는 서비스였지만, 현재는 유통할 수 있는 유무형의 모든 것을 대상으로 하고 있으며, 대규모 서버시스템인 AWS(Amazon Web Service)를 통해 B2B 방식의 사업구조를 가지고 서버와 데이터를 기반으로 운영되는 많은 기업

아마존 UAM 배송 서비스 　　　　　　　　　　　　　　　　출처: Guardian

들의 클라우딩 서비스를 지원하고 있다. 물건만 유통하는 것이 아니라 아마존 프라임(Amazon Prime)을 통해 OTT 방식의 영상 서비스도 유통하고 있다. 이러한 유통을 도와주기 위해 UAM(Urban Air Mobility)과 로봇의 개발에도 집중하고 있다. 이러한 아마존의 사업 모델로 인해서 사람들의 쇼핑방식은 이제 백화점이나 쇼핑몰에 가서 하는 것이 아니라 온라인을 통해 구매하고 있으며, 배송은 로봇이나 드론이 해주고 있다.

한국에서 이와 매우 비슷한 사업구조를 가지고 있는 기업으로 쿠팡을 들 수 있다. 쿠팡 역시 유통으로 사업을 확장하고 있으며, 이후 쿠팡플레이(Coupang Play)라는 OTT 서비스를 통해 사업유형을 확장하고 있는 것을 들 수 있다. 쿠팡이츠(Coupang Eats)와 같은 음식물 배송 서비스 같은 경우는 아마존과 다른 측면이라고 할 수 있는데, 뭔가를 구매하는 방식이 있었던 도시에서 행위가 변화되고 있는

것을 보여준다.

　애플의 경우 아이폰이나 맥북 같은 하드웨어도 유명하지만, 더 중요한 것은 이들을 운영하는 운영체제와 앱 생태계라 할 수 있다. 어떤 제품이나 소프트웨어를 개별적으로 개발하는 것이 아니라 생태계 자체를 개발해 운영하고 있는 것이기 때문에 더 큰 의미가 있다. 앞서 이야기한 FAANG에 애플과 삼성이 들어 있는 것이 아니라, 애플과 구글이 들어 있는 것은 하드웨어 개발보다 데이터를 기반으로 한 앱 생태계를 운영하고 있는 것이 더 큰 의미를 가지는 것을 의미한다. 애플과 구글 모두 앱 생태계에서 더 확장해 OTT 서비스나 스마트 TV, 스마트 스피커와 같이 새로운 방식의 소통방식이 개발되었다.

　넷플릭스와 같은 OTT 서비스들은 아마존 프라임, 디즈니+, 애플 TV+와 같은 서비스들이 이어지며 계속 콘텐츠 산업을 확장시키고

OTT 서비스   출처: 뷰티누리

있으며, 구글이 가지고 있는 유튜브 역시 이미 미디어의 소비방식을
변화시켰다. OTT 서비스는 Over the Top Media Service를 의미
하는 용어로 인터넷을 통해 방송프로그램·영화·교육 등 각종 미디
어 콘텐츠를 제공하는 서비스를 말하며, over the top이라는 용어
는 '기존의 범위를 넘어서'라는 의미로 IT 기업들이 지향하는 바를
상징적으로 보여준다.

   젊은 층은 이제 TV를 보는 것보다는 인터넷을 통해 미디어를 소
비하고 있으며, 디즈니·마블·유니버설스튜디오·소니픽처스와 같은
글로벌 영화 제작 및 배급 기업들도 예전같이 도시 내 어딘가에 있
는 영화관뿐만 아니라 OTT망을 통한 영화개봉이 일상화되기 시작
했다. 이들 OTT 글로벌 업체들은 제작된 콘텐츠를 전송하기만 하는
것이 아니라 자체 배급망을 통해 자체 제작한 콘텐츠를 제공하기 시

작했기 때문에 기존의 거대 제작사들을 위협하고 있다.

얼마 전 로튼토마토 기준 94%의 전문가가 크게 호평했던 〈오징어 게임(Squid Game)〉의 경우 거대 공급사로 성장한 넷플릭스가 제작·배급했으며, 2022년 아카데미 작품상을 수상한 〈코다(CODA)〉는 애플의 OTT 서비스인 애플TV가 제작·배급했다. 한류를 무기로 내세운 한국도 5대 OTT 서비스인 티빙(Tving), 웨이브(Wavve), 왓챠(Watcha), 쿠팡플레이(Coupang Play), 시즌(Seezn)과 같은 토종 OTT 서비스를 통해 드라마와 같은 서비스들이 제공되고 있다. 이러한 상황을 보면 데이터를 기반으로 성장한 문화 콘텐츠 산업이 빠르게 전통적인 콘텐츠 산업을 압도하고 있는 것을 보여준다.

도시에서 문화기능을 소비하는 방식이 변화되고 있다. 언젠가 유니버설스튜디오나 소니픽처스, MGM 같은 곳에서 제작한 영화와 드라마를 틀어주던 OTT 회사가 이들 제작업체를 인수하게 될 날을 볼지도 모르겠다.

VIRTUAL REALITY

VIRTUAL REALITY

——

과거 어느 시점이 되었건 그 시점에서 바라보는 미래의 도시는 항상 존재해왔다. 고대에도 미래의 도시로 이상향을 그렸으며, 근대에 들어와서도 인간의 풍부한 상상력은 현재의 모습보다도 획기적인 미래의 도시를 그려왔다. 도시는 어떻게 진화해왔는가? 기술의 진화와 도시의 변화를 연결해보면, 흥미로운 점을 발견할 수 있다. 어떤 시기에 새롭게 등장한 신기술은 그 시기에 있었던 도시의 문제를 해결해왔고, 그 결과 새로운 형태의 도시가 등장했다는 점이다. 1차 산업혁명 이후 지금까지 이러한 상황은 계속 반복되어왔고, 현재는 3차 산업혁명에 가장 완벽하게 적응한 도시가 세계 최고의 도시이고, 그 도시를 가지고 있는 국가가 세계 강대국이 되었다. 그렇다면 그다음은 어떻게 될까?

CHAPTER 2

기술발전과
도시의 진화

집은 살기 위한 기계다.
- 르코르뷔지에(프랑스의 건축가)

기술, 산업 그리고 도시

4차 산업혁명의 등장

현재는 4차 산업혁명의 시대라고 불리고 있다. 4차 산업혁명은 정보통신기술(ICT)의 융합으로 이루어지는 미래의 산업혁명으로 알려져 있다. 4차 산업혁명을 이끄는 핵심기술은 빅데이터 분석, 인공지능, 로봇공학, 사물인터넷, 무인교통, 3D프린팅, 나노기술과 같은 7개 분야에서 나타나는 새로운 기술혁신으로 알려져 있다.

앞서 이야기했듯 클라우스 슈바프가 의장으로 있는 2016년 세계경제포럼(WEF, World Economic Forum)에서 이 용어가 처음으로 사용되었으며(Schwab, Klaus, "The Fourth Industrial Revoution: what it means, how to respond"), 이어서 『3차 산업혁명(The Third Industrial

Revolution)』을 저술한 제러미 리프킨이 "현재는 4차 산업혁명이 진행되고 있다"라고 이야기하기도 했다. 4차 산업혁명에 대해 논란이 있기는 하지만, 이제는 4차 산업혁명 시대에 접어들었다는 데 많은 사람들이 동의하고 있다.

보통 4차 산업혁명을 대표하는 기술로 디지털, 네트워크, 인공지능과 같은 기술을 든다. 이 기술들은 물리적 현실세계를 빅데이터 형태로 통합하고 있다. 그렇다면 4차 산업혁명 시대를 맞아 물리적 현실세계의 도시는 어떻게 변화할까?

▌새로운 기술과 새로운 도시

잠시 한 발자국만 뒤로 물러서서 보자. 방금 이야기한 내용에서 중요한 키워드는 '기술, 산업, 공간'이다. 새로운 기술은 새로운 산업을 등장시키고, 새로운 기술로 만들어지는 새로운 공간들은 새로운 도시를 만들어낸다.

그런데 사람들은 여기서 갸우뚱할 수 있다. 정말 그럴까? 4차 산업혁명, 디지털전환, 메타버스와 같은 단어들이 워낙 정신없이 등장해서 혹 그냥 구호나 마케팅 용어에 지나지 않는 것은 아닐까? 4차 산업혁명, 빅데이터, 인공지능과 같은 용어들이 너무 많이 인용되면서 '버즈워드'가 아닌가 생각이 들 수도 있다.

그래서 기술과 산업, 그리고 도시가 어떻게 관계를 맺어왔는지부터 살펴보자. 기왕에 산업혁명에서 이야기를 시작했으니 1차 산업혁명부터 이야기를 시작해보겠다.

증기기관과 새로운 도시의 등장

▌제임스 와트의 증기기관

　제임스 와트(James Watt, 1736~1819)가 발명한 증기기관은 기존에 인력이나 동물의 힘을 이용하던 인류가 기계의 동력을 이용할 수 있다는 생각의 전환을 가져왔던 사건이었다. 이러한 생각의 전환은 물을 끓여서 그 힘을 이용할 수 있다는 공학기술에 기반하고 있었는데, 이 단순한 기술의 진보는 경제·산업·공간에 엄청난 변화를 가져왔다. 그것은 바로 1차 산업혁명의 시작이었다.

　증기기관의 등장은 크게 2가지의 변화를 도시에 가져왔는데, 첫째는 교통수단의 변화였고, 둘째는 도시산업의 변화였다. 증기기관으로 움직이는 기차와 증기선은 굉장히 빠르고 효율적으로 대규모

증기기관의 등장
출처: 서터스톡

증기로 돌아가는 방직공장
출처: Hulton Archive/Getty Images

의 이동을 가능하게 했고, 증기기관으로 움직이는 방직공장들은 도
시에 대규모의 일자리를 제공하기 시작했다. 농촌에서 점차 도시로
사람들이 이동하기 시작했고, 도시는 점차 거대해졌다. 저렴한 노동
력을 원했던 자본가들은 더욱 많은 산업시설을 건설했고, 도시에는
이들을 수용하기 위한 공간들이 점차 늘어갔다.

선형도시의 등장

선형으로 움직이는 기차나 증기선은 도시의 형태를 선형형태로 변화하도록 유도했고, 도시들은 기차나 증기선이 다니는 선을 따라서 확장하고 팽창하기 시작했다. 이 당시에 미래도시를 연구했던 사람들은 앞으로 도시공간이 선형형태로 조성될 것이라고 예견했는데, 대표적인 사람이 토니 가르니에(Tony Garnier, 1869~1948)라는 계획가였다.

토니 가르니에는 1917년에 도시를 구성하는 기능을 선형형태로 배치하는 공업도시계획안(Cite industrielle, 1904~1917)을 발표했다. 가르니에가 제안한 도시는 인구가 약 3.5만 명 정도이며, 철도·도로·증기수운을 활용하기 쉽도록 선형형태로 펼쳐지고, 중심지역에는 행정·상업 기능 등을 배치했다. 당시에 등장했던 새로운 기술이었던 증기기관이 미래의 도시를 어떻게 바꿀 것인지에 대한 예견이었다.

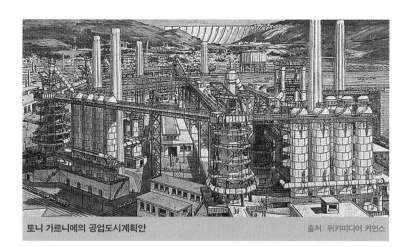

토니 가르니에의 공업도시계획안　　　　　　　　　출처: 위키미디어 커먼스

▌전원도시

　다음에 소개하는 사람 역시 후대에 굉장히 큰 영향력을 미쳤다. 특히 그는 많은 신도시 개발이나 지역계획(Regional Planning)에 큰 영향을 미치게 된다.

　영국의 에버니저 하워드(Ebenezer Howard, 1850~1928)는 1차 산업혁명의 기술이 도시를 어떻게 바꿀 것인가에 대해 많은 고민을 했다. 특히 도시에 산업이 발전함에 따라 농촌에 있던 많은 인구들이 도시로 이동하게 되면서 도시에 집중해 거주하게 되었는데, 이 과정에서 도시에는 환경문제와 주택문제 등이 발생하게 되었다. 이에 하워드는 굉장히 도전

에버니저 하워드
출처: 위키미디어 커먼스

적인 제안을 했는데, 이른바 전원도시이론(Garden City Movement)을 제안했다. 시작점은 가르니에와 비슷하게 기차와 증기선으로 시작했지만, 하워드의 제안은 보다 근본적으로 당시 도시의 문제들을 해결하기 위한 대안으로 제시되었다.

　하워드는 산업이 집중되어 있는 도시에 계속 열악한 환경에 놓인 주거가 난개발되도록 방치하는 것보다 모도시와 지방을 당시에 개발된 기차와 증기선으로 연결하는 제안을 하게 되었는데, 도시성장모형(Diagram)과 자석모형(Three Magnets)이 그것이었다. 하워드의

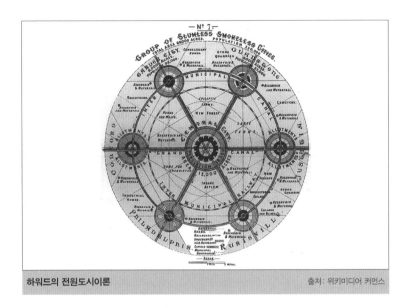

하워드의 전원도시이론　　　　　　　　　　　　　출처: 위키미디어 커먼스

제안을 보면 모도시가 있고, 6개의 도시들이 모도시를 둘러싸고 있는 것을 확인할 수 있다.

　이들 6개의 위성 신도시들의 이름은 각각 정원도시(Garden City), 글래드스톤(Gladstone), 정의도시(Justica), 화합도시(Concord), 박애도시(Philadelphia), 촌락도시(Rurisville)인데, 각각이 당시 도시에 요구되었던 가치들이었다. 이들 위성도시들은 각각 3.2만 명 정도이며, 모도시는 5.8만 명 정도의 인구로 구성되고, 위성도시와 모도시는 기차 혹은 증기선이 다니는 운하(Canal)로 연결되는 구조이다.

　이 전원도시모델을 통해 하워드는 당시 도시가 가지고 있었던 문제들, 특히 환경·교통의 문제를 해결하고자 했던 것을 알 수 있다. 모도시와 위성도시 사이에는 전원 풍경을 만들고자 했는데, 이를 통해 하워드는 도시(Town)의 장점과 전원(Country)의 장점을 모두 갖

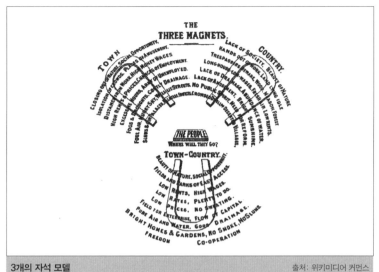

3개의 자석 모델   출처: 위키미디어 커먼스

춘 도시(Town-Country)를 만들고자 했다. 이러한 그의 생각은 '3개의 자석(The Three Magnet)'이라는 위의 그림에서 잘 나타난다.

이 제안은 얼핏 보면 한국의 분당·일산 같은 신도시 개발의 모형으로 볼 수도 있는데, 이러한 새로운 도시의 등장은 당시에 있었던 증기기관이라는 기술과 증기기관을 바탕으로 진행된 1차 산업혁명에 대응하는 새로운 공간의 출현이었다. 가르니에의 선형도시이론과의 차이점이라면 하워드의 전원도시이론은 후대에 많은 영향을 미쳤다는 것 정도일까? 우리는 여기서 새로운 기술과 산업이 새로운 공간의 출현을 이끌었다는 것을 알 수 있다.

이처럼 1차 산업혁명을 상징하는 새로운 기술인 증기기관은 도시의 산업을 변화시켰으며, 도시공간의 모습을 바꾸었다. 새로운 형태의 도시모형이 제안되었으며, 시민들의 삶의 방식을 변화시켰다. 당시에 등장한 문제는 새로운 법제도의 출현으로 다음 단계로 진화할 수 있는 토대를 만들어냈다. 이처럼 산업혁명을 통해 '기술-산업-공간'의 3가지가 서로 연동됨을 이해할 수 있다.

콜레라와 공중위생법

19세기 말의 화가, 귀스타브 도레

1차 산업혁명 당시의 도시는 어떤 문제들을 가지고 있었을까? 놀랍게도 코로나19로 고통받는 현재와 비슷한 문제들을 가지고 있었다. 1차 산업혁명 당시 도시에서 발전한 산업은 지방에서 많은 인구를 한꺼번에 도시로 이주시키는 영향을 미쳤으며, 그 결과 상하수도·주거·도로 등 많은 사회인프라가 한계에 다다르는 심각한 상황이 연출되었다.

귀스타브 도레(Paul Gustave Doré, 1832~1883)의 당시 작품을 보면 암울했던 도시상황을 잘 파악할 수 있다. 귀스타브 도레가 도시, 그것도 영국의 도시를 그린 그림을 보면, 저 멀리 움직이는 매연을 내

귀스타브 도레, 오버 런던 바이 레일(Over London by Rail), 1872   출처: 위키미디어 커먼스

귀스타브 도레, 런던 더들리 스트릿(London Dudley Street), 1872   출처: 어도비 스톡

뿜는 기차와 대비되도록 하얀 빨래를 걸어놓은 다닥다닥 붙어 있는 집들을 확인할 수 있다.

비슷한 시기에 그려진 귀스타브 도레의 다른 그림을 보면 다닥다닥 좁게 붙어 있는 집들 사이에 나있는 길에서 아이들이 마차가 뒤에서 달려오는 위험천만한 상황에서 놀고 있는 것을 확인할 수 있다. 또한 이 그림에서 집 앞에 나뒹굴고 있는 신발의 개수를 보면 굉장히 밀도가 높은, 그리고 좋지 못한 환경에서 사람들이 거주하는 것을 확인할 수 있다. 이러한 한계상황이 터진 것이 바로 콜레라 발병이었다.

콜레라의 등장과 공중위생법

당시에는 이러한 역병이 공기에 의해 전염된다는 미아즈마(Miasma) 학설이 콜레라 창궐을 설명했고, 런던 시내에 퍼진 악취는 이러한 상황을 증명했다. 미아즈마는 고대 그리스어인 미아즈마(μίασμα, 오염)에서 왔는데, 19세기 말만 해도 지배적인 학설이었다. 현재는 물론 폐기된 학설이다. 당시 여왕이 코를 집

악취로 인해 빨래집게로 코를 막고 있는
빅토리아 여왕(1819~1901)
출처: 위키미디어 커먼즈

게로 막고 있는 그림은 이러한 당시 시대상을 설명해준다.

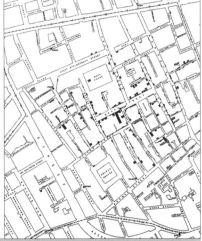

존 스노와 존 스노의 콜레라 지도(John Snow's map of cholera), 1854

출처: 위키미디어 커먼스

　그렇지만 콜레라의 경우 공기를 통해 전염되는 것이 아니었으며, 영국의 외과의사였던 존 스노(John Snow, 1813~1858)는 역학추적을 통해서 식수원의 오염이 콜레라 발병의 원인이었음을 주장했다. 이 주장이 받아들여지면서 런던의 물·하수처리에 근본적인 변화가 일어났으며, 이는 공중위생법(Public Health Act)의 제정으로 이어졌다. 이 공중위생법이 현대 도시계획법의 시초라고 알려져 있다.

　이처럼 새로운 산업혁명의 등장은 기술과 산업의 변화를 가져오고, 사람들이 사는 방식도 변화시켰다. 1차 산업혁명은 사람들을 농촌에서 도시로 이주시켰고, 도시의 급격한 성장을 가져왔다. 그 과정에서 환경문제·교통문제와 같은 문제들도 발생했고, 이러한 문제를 해결하는 과정에서 새로운 가능성과 진보도 만들어냈다. 그렇다면 이어서 등장하는 산업혁명은 또 어떤 도시를 만들어냈을까?

자동차는 도시를 어떻게 바꿨나?

▎포드 자동차의 모델 T

19세기 중반부터 20세기 중반까지 이어졌던 2차 산업혁명은 1차 산업혁명 때와는 다른 기술의 등장을 기다리고 있었다. 1차 산업혁명이 증기기관으로 움직이는 기차였다면, 2차 산업혁명은 내연기관으로 움직이는 자동차가 등장했다. 그리고 기차가 1차원 형태의 선을 따라서 움직였다면, 자동차는 2차원 형태의 면을 자유롭게 움직일 수 있었다.

그 결과 만들어진 도시는 격자형태의 도시구조가 무한히 확장되는 도시였다. 자동차는 기차와는 달리 일반 소비자를 대상으로 판매가 가능한 교통수단이었고, 기차보다 이동이 편리했다.

포드(Ford)사의 모델 T　　　　　　　　　　　출처: Sretan 150. rođendan Henry Ford

　　이렇게 새롭게 등장한 도시공간에서 자동차들이 달리기 시작했다. 도로건설산업과 자동차산업이 급격하게 성장하기 시작했는데, 대표적인 것이 미국 포드 자동차였다. 공공에 의해 만들어진 도로 인프라를 따라서 포드 자동차가 개발한 모델 T(model T)가 급속도로 확산되었다. 2차 산업혁명의 결과로 이어진 교통 분야에서의 새로운 변화는 도시를 현재와 같은 자동차로 가득한 도시로 변화시켰다.

▌대량생산체계와 모더니즘 도시

　　2차 산업혁명에서 또 하나 중요했던 것은 철강·석유화학 같은 중화학공업을 기반으로 한 대량생산체계였다. 그 결과 고층 건축물들이 도시를 뒤덮는 모더니즘 도시가 제안되고 실제로 만들어

르코르뷔지에의 파리 계획(Le Corbusier's Plan Voisin for Paris, 1922)   출처: © FLC/ADAGP

지기 시작했다.

　이러한 도시모형을 제안했던 대표적인 건축가는 '모더니즘 건축의 아버지'로 불리는 르코르뷔지에(Le Corbusier, 1887~1965)였다. 르코르뷔지에의 도시모델은 당시로서는 너무 파격적이어서 많은 논란을 불러일으키기 충분했다. 그가 1925년 발표한 '부아쟁 계획(Plan Voisin)'은 파리의 구시가지의 일부분을 재개발해서 고층의 건축물과 격자형의 슈퍼블록으로 만들어진 미래의 신도시를 만드는 제안이었다.

　당연하게도 과거의 역사적 도시질서를 폭력적으로 파괴하는 것으로 비춰진 이 계획안은 당시 엄청난 비판에 마주해야 했다. 그렇지만 르코르뷔지에의 제안은 새로운 기술과 산업의 등장으로 출현하게 될 미래의 도시를 가장 효과적으로 보여주었다.

격자형태로 무한히 반복되는 도시, 미국 캘리포니아 　　　　　　출처: Urban Sprawl

　당연하게도 르코르뷔지에가 제안했던 도시모델은 파리에는 적용
되지 못했고, 브라질의 신행정수도인 브라질리아를 비롯한 신흥 개
발국가들의 신도시 개발에 적용되었다. 한국에서 흔히 보는 많은 아
파트 단지들, 강남의 슈퍼블록은 이러한 2차 산업혁명에 가장 적합
한 방식으로 진화한 결과물이다.

　자동차의 등장은 이처럼 격자형태라는 도시형태의 확산을 이끌어
냈고, 중화학공업을 기반으로 한 산업시스템의 확산을 이끌어냈다.
아마 중력의 영향을 무시할 수 없는 현재까지도 이러한 도시형태는
유효하며, 사람이 직접 운전하는 한 가장 효율적이라고 할 수 있는
격자형태의 도시구조 역시 자율주행이 일상화되기 전에는 당연하
게도 지배적인 도시형태가 될 것이다. 현재 가장 대표적인 도시라고
할 수 있는 뉴욕의 경우 새로 만들어지기도 했지만 이러한 격자형태
의 도시구조가 정착된 대표적인 도시다.

몬드리안의 브로드웨이 부기우기

도시를 그렸던 화가, 몬드리안

20세기 초중반의 많은 예술가들은 이러한 산업화된 사회의 도시와 기술에 영향을 받게 되었다. 마티스(Henri Matisse, 1869~1954), 몬드리안(Pieter Mondriaan, 1872~1944), 피카소(Pablo Picasso, 1881~1973), 칸딘스키(Wassily Kandinsky, 1866~1944) 등 수많은 모더니즘 작가들 중 도시에 대해 깊은 이해와 표현을 시도했던 작가로 몬드리안을 들 수 있다.

몬드리안은 네덜란드에서 태어나 데 스테일 그룹을 만들어 활동하기도 했고, 신조형주의를 제창하기도 했다. 1940년 이후로는 미국의 대표적인 대도시인 뉴욕에서 활동을 이어갔는데, 몬드리안의 말

기 작품인 〈브로드웨이 부기우기〉는 뉴욕의 도시형태와 자동차의
이동을 담은 대표적인 작품이다.

▌브로드웨이 부기우기

2차 세계대전 당시 불안한 유럽에서 살다가 신대륙 뉴욕으로 이
주한 몬드리안은 격자형태로 잘 닦인 뉴욕의 도로와 초고층 빌딩들
을 보면서 느낀 바를 작품에 표현했다. 이 작품을 보면 노란색과 회

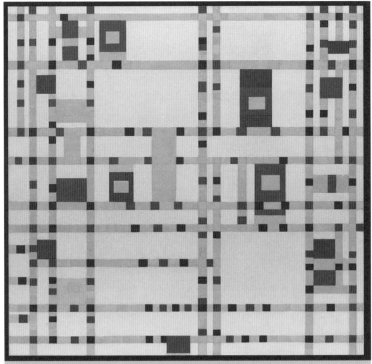

몬드리안의 브로드웨이 부기우기(Broadway Boogie woogie), 1942~1943, 127x127cm
출처: The Museum of Modern Art, New York

색 선으로 이어진 선들은 뉴욕의 격자형 가로들을 표현하고 있으며, 노란색 선 위에 그려진 빨갛고 파란 점들은 도로 위를 달리는 차량을 상징한다.

이러한 그림은 몬드리안이 원래 작업했던 유럽에서는 나타날 수 없는 도시형태였기 때문에 몬드리안의 후기 작품에서 이러한 작품이 등장하게 되었다. 여기에 몬드리안은 1930~1940년대 미국의 대중음악인 부기우기(boogie woogie)의 경쾌함과 즉흥성을 이 그림에 담았다고 알려져 있다. 기술과 산업의 변화가 도시를 변화시킬 뿐만 아니라 도시에서 영향받는 예술가들의 작품에도 영향을 주었음을 보여준다.

러닝 프롬 라스베이거스

포스트모더니즘 도시

앞서 살펴본 르코르뷔지에나 몬드리안 같은 예술가들이 모더니즘에서 바라본 2차 산업혁명의 결과를 보여준다면, 포스트모더니즘(Post Modernism)에 포함되는 로버트 벤투리(Robert Venturi, 1925~2018)는 자동차에서 경험하는 도시의 경관에 집중한 대표적인 사람이다. 포스트모더니스트였던 로버트 벤투리는 모더니스트였던 미스 반데어로에(Mies Van Der Rohe, 1886~1969)의 '적을수록 좋다(Less is more)'에 대응해 '적을수록 지루하다(Less is bore)'라는 격언을 만들 정도로 도시공간에서 이야깃거리와 즐거움을 찾기를 원했던 건축가이자 도시계획가였다.

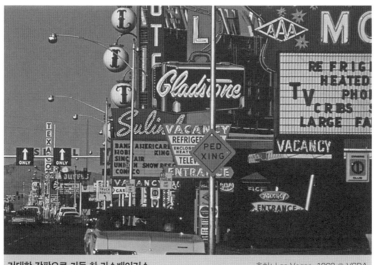

거대한 간판으로 가득 찬 라스베이거스   출처: Las Vegas, 1968 © VSBA

　그의 이러한 생각은 미국의 건축(Architecutre)과 건조환경(Built
Environment)에 중요한 영향을 미쳤다. 특히 그는 도시의 경관에 있
어서 자동차와 같은 빠른 속도에서 바라보는 경관은 보행상태의 경
관과는 다르다는 것을 말하며, 자동차로 뒤덮인 미래의 도시에서 자
동차에서 바라보는 경관의 중요성을 제안했다.

　로버트 벤투리는 자동차로 가득한 도시는 보행도시와는 다른 형
태일 것이며, 자동차가 멀리서 빠른 속도로 이동하기 때문에 간판이
커지게 되고, 건축물의 형태는 특이한 상징을 두드러지게 보이는 방
식으로 나타난다고 이야기했다. 이러한 도시형태가 가장 극명하게
나타나는 곳이 바로 거대한 간판으로 가득 찬 미국의 라스베이거스
(Las Vegas)였다.

자동차에 의해 새롭게 변화하는 공간

이러한 인식의 변화는 당시 사람들에게 '자동차를 중심으로 한 경
관이 일반적인 경관과 다르다'는 것을 인식시킨 큰 변화지점이었다.
벤투리는 훌륭한 건축가이자 도시계획가이기는 했지만, 그보다도
새로운 기술인 자동차와 이 자동차에 의해 새롭게 변화하는 공간을
지적한 점에서 기존의 지식체계에 변화를 가져왔다.

이처럼 2차 산업혁명의 결과는 도시공간을 이해하는 방식도 자동
차에 맞도록 변화시켰다.

멀리서도 잘 보이는 아이콘으로서의 건축물
출처: Big Donut Drive-in, Los Angeles: Venturi Scott Brown & Associates, 1970

컴퓨터와 전기

컴퓨터와 전기, 인터넷

3차 산업혁명은 20세기 중반 컴퓨터와 인터넷의 발명으로 시작되었다. 컴퓨터와 인터넷과 같은 새로운 기술 역시 새로운 도시의 출현을 이끌어냈는데, 컴퓨터로 정확하게 계산되는 대중교통망이 도시에 깔리기 시작했으며, 이러한 편리한 인프라를 바탕으로 1천만 명이 넘는 메가시티(Megacity)가 무리 없이 작동하게 되었다. 그리고 이러한 메가시티를 지탱하기 위한 산업이 폭발적으로 성장하게 되었다.

이전 시대와 같은 중화학공업은 인구 1천만 명이 넘은 메가시티에는 적합하지 않았고, 대신에 금융산업(Financial Industry), 매스미

〈더 울프 오브 월스트리트(The Wolf of Wall Street)〉, 2013　　　　출처: 파라마운트 픽처스

디어산업(Mass Media Industry), 지식서비스산업(Knowledge Service Industry), 유통산업(Distribution Industry)이 그 자리를 대신하게 되었다. 1천만 명이 넘은 인구를 수송하기 위한 대중교통은 지하철 형태로 지상에서 사라졌고, 기존의 도로망과는 무관하게 새로운 질서체계를 따라서 다닐 수 있게 되었다. 현재 세계의 패권을 쥐고 있는 국가들은 3차 산업혁명에 가장 잘 적응한 도시를 가지고 있는 국가들임에 분명하다.

▌ 금융업과 밤의 도시

　컴퓨터와 인터넷의 등장으로 도시에 등장한 거대 대중교통은 수많은 샐러리맨들을 양산할 수 있었으며, 샐러리맨들은 아주 효율적으로 공급되는 유통망에 따라 생필품을 무리 없이 공급받을 수 있었다. 이들 샐러리맨들 중 상당수는 도소매업(Commercial)과 금융업(Financial Business)에 근무하게 되었으며, 두터운 중산층을 형성하

아시아 금융의 중심, 홍콩

출처: 저자

면서 국가에 필요한 세금을 충실하게 공급하게 되었다. 그래서 현대 도시에서 가장 중요한 산업은 금융업이고, 발전된 금융업을 가지고 있는 런던·싱가포르·도쿄·뉴욕 등의 도시는 모두 세계의 중심지로 등장했다.

컴퓨터와 인터넷은 도시에게 '밤'을 선물했다. 증시는 각국에서 시차를 두고 연속적으로 열리기 때문에 금융산업 종사자들은 다른 금융허브 국가의 주식을 24시간 체크한다. 한국도 그렇게 자주 글로벌 금융·허브 국가로 발전하겠다는 청사진을 냈던 이유도 여기에 있다. 3차 산업혁명은 그렇게 세계의 도시들을 바꾸었다.

뉴욕, 24시간 움직이는 도시

세계의 수도, 뉴욕

뉴욕을 어떤 말로 표현할 수 있을까? F. 스콧 피츠제럴드(F. Scott Fitzgerald)는 소설 〈위대한 개츠비(The Great Gatsby)〉에서 "퀸즈버러 브릿지를 건너면서 바라보는 뉴욕은 항상 처음 본 모습 그대로, 세상의 모든 신비로움과 아름다움을 격렬하게 약속한 첫 작품이다"라는 말로 뉴욕의 역동성과 아름다움을 표현했다.

뉴욕은 세계에서 명실상부 가장 유명한 대도시이며, 세계 정치·경제·문화·패션의 중심지다. 미국의 행정수도는 워싱턴 D.C.이지만 UN(United Nation)본부와 월스트리트(Wall Street), 브로드웨이(Broadway)를 가지고 있는 뉴욕은 '세계의 수도'라고 불릴 만하다. 미국의 지상파 방송국 본사가 모두 뉴욕에 있고, 밀라노·파리·런던과 함께 세계 4대 패션 위크가 열리는 곳이다. 뉴욕은 단순히 정치와 경제의 중심지만이 아니라 문화·패션·미디어의 중심지로 모든 사람들의 사랑을 받는 도시다. 즉 3차 산업혁명에 가장 잘 적응해서 발전한 도시는 뉴욕일 것이다. 뉴욕의 지하철망은 어느 도시보다도 촘촘하고 빽빽하게 도시 곳곳을 연결하고 있으며, 컴퓨터와 인터넷을 중심으로 한 뉴욕의 맨해튼 월가는 '세계 경제의 중심지'로 불리고 있다.

뉴욕은 24시간 움직이고 있으며, 세계 각국의 금융허브들을 이끌고 있는 항공모함 전대의 중앙에 위치하고 있다. 뉴욕에서 유행하는 패션과 예술은 전 세계의 트렌드를 이끌고 있으며, 미국의 주요대학을 졸업한 졸업생들은 뉴욕에서 일하며 새로운 산업을 지원하고 있다. 뉴욕에는 혁신적인 청년들이 넘쳐나고, 전 세계에서 가장 똑똑한 사람들이 이곳에서 일하고 싶어 한다. 뉴욕을 배경으로 하는 영화가 수백 편이며 수많은 스토리들이 새롭게 만들어진다. 실리콘밸리를 중심으로 한 서부지역으로 일부 패권이 넘어가고 있기는 하지만 여전히 뉴욕은 세계의 중심지다. 뉴욕이 이렇게 성공할 수 있었던 것은 3차 산업혁명의 기술에 가장 최적화된 모형이었기 때문이다.

3차 산업혁명과 뉴욕

컴퓨터와 전기로 대표되는 3차 산업혁명에서 도시를 이끌어가는 데 중요한 교통수단은 지하철이다. 인구 1천만 명이 넘는 도시를 메가시티라고 부르는데, 이렇게 인구가 1천만 명이 넘는 대도시

New York & New Jersey Subway Map

뉴욕을 덮고 있는 지하철 맵   출처: subwaynynj.com

가 되면 2차 산업혁명 때처럼 자동차로는 감당할 수 없을 정도로 많은 교통수요가 발생하게 된다. 이렇게 많은 교통수요를 해결하기 위해 등장한 것이 바로 컴퓨터와 전기로 운행되는 지하철이다.

최초의 지하철은 지하철도를 증기기관차가 움직이는 1863년 영국 런던에 등장했던 지하철이었다. 19세기 중반 이미 영국 런던은 인구 250만 명이 거주하는 세계 최고의 도시였으며, 당연하게도 환경·질병·교통 등의 문제가 있었다. 철도와 자동차로 해결할 수 없는 막대한 교통량이 있었으며, 마차를 끄는 말들은 길거리에 엄청난 똥을 쌌다. 런던시 법무관 찰스 피어슨은 이를 해결하기 위해 도시 중

24시간 꺼지지 않는 뉴욕 브로드웨이   출처: Ovation Global DMC

심부 6km의 구간에 지하터널을 만들고 증기로 움직이는 철도를 놓았는데, 1863년 1월 10일 만들어진 이 지하철이 세계 최초의 지하철인 '메트로폴리탄'선이었다.

그렇지만 지금 전 세계를 누비고 있는 지하철은 훨씬 많은 시민들을 움직이고 있으며, 정교한 컴퓨터 계산과 전기를 통해 움직이고 있다. 이렇게 3차 산업혁명 때 등장한 전기와 컴퓨터는 당시 확장하고 있는 대도시 인구의 이동을 가능하게 했다.

또한 3차 산업혁명 때 등장한 전기는 도시에 '밤'을 선물했는데, 우리가 뉴욕을 생각할 때 흔히 떠오르는 이미지는 화려한 뉴욕의 밤거리다. 브로드웨이 주변의 화려한 간판과 네온사인, 미디어 파사드(Media Facade)는 24시간 꺼지지 않는 미국의 경제력을 상징했으며, 뮤지컬과 패션쇼가 넘쳐나는 뉴욕의 밤은 언제나 사람들의 마음을 설레게 했다. 뉴욕에 즐비한 멋진 레스토랑과 카페는 부유한 사람들의 지갑을 언제라도 열게 했고, 갤러리들은 젊은 예술가들의 전시로 넘쳐났다.

이렇게 역동적인 도시를 뒷받침할 수 있었던 것은 뉴욕의 경제를 이끌었던 금융업이었다. 이 금융업의 중심이 되었던 월스트리트 지역은 전 세계 증시 흐름의 중심이며, 전기의 힘으로 24시간 꺼지지 않고 전 세계 증시를 모니터링할 수 있었다. 이처럼 3차 산업혁명은 또 한 번 도시의 변화를 이끌어냈다.

제3세계 도시의 확장

거대 제국의 쇠퇴

3차 산업혁명이 시작된 것도 50년이 훌쩍 넘어섰다. 이후 많은 변화가 있었고, 도시에도 새로운 변화가 점차 꿈틀대기 시작했다. 2000년대 후반기는 도시사적으로는 신흥국가들의 성장이 두드러지는 시기였다. 유럽의 많은 도시 맹주들이 아시아의 여러 도시들에 그 자리를 내주었으며, 조선·자동차 등 많은 산업기반들이 아시아 국가들로 이전되었다.

대표적인 도시가 스페인의 빌바오(Bilbao) 같은 도시였다. 스페인은 원래 해양강국이었고, 이를 기반으로 해 제철과 조선산업이 막강하게 성장했던 국가였다. 그러나 제철과 조선은 한국의 경제를 대표

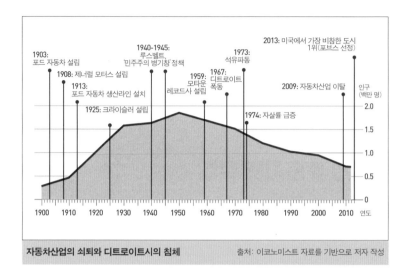

2013: 미국에서 가장 비참한 도시
1위(포브스 선정)

1903:
포드 자동차 설립

1940-1945:
루스벨트
'민주주의 병기창' 정책

1973:
석유파동

1908: 제너럴 모터스 설립

1913:
포드 자동차 생산라인 설치

1959:
모타운
레코드사 설립

1967:
디트로이트
폭동

2009: 자동차산업 이탈

인구
(백만 명)

1925: 크라이슬러 설립

1974: 자살률 급증

2.0

1.5

1.0

0.5

0

1900 1910 1920 1930 1940 1950 1960 1970 1980 1990 2000 2010 연도

자동차산업의 쇠퇴와 디트로이트시의 침체　　　　출처: 이코노미스트 자료를 기반으로 저자 작성

하는 산업이라는 것을 모두 알 것이다. 이렇게 한국이 성장할 수 있었던 것은 미국과 유럽의 관련산업이 쇠퇴했다는 것을 의미한다.

대표적으로 유럽의 조선산업을 이끌었던 많은 도시들은 아시아, 특히 일본과 한국에 경쟁력을 잃기 시작했으며, 미국의 자동차산업을 이끌었던 도시들도 일본 자동차기업의 확장에 급격하게 경쟁력을 잃기 시작했다. 대표적인 도시가 미국의 자동차산업 메카였던 디트로이트(Detroit)였다. 이른바 선진국들의 도시들을 중심으로 새로운 도시의 위기가 시작되고 있었다.

█ 아시아의 용들

이 과정에서 우리나라를 비롯한 대만·중국·인도 같은 신흥국가들은 막대한 배후내수시장과 국가주도개발정책을 기반으로 급격한 경

베트남 호찌민시의 나베신도시   출처: GS건설

제성장을 연이어 성공시켰다. 이러한 모델은 다른 후발주자들에게
도 따라 할 수 있다는 자신감을 심어주었으며, 이는 제3세계 국가들
의 도시확장으로 이어졌다. 이들 중 상당수는 처참한 실패를 경험하
기도 하고, 어떤 도시는 혁신을 이루어서 다음 단계의 도약을 준비
하기도 했다.

　놀라울 만큼 많은 개발도상국들이 새로운 도시를 건설하고 있으
며, 동남아시아·중남미·아프리카·중앙아시아의 여러 국가들이 한
국과 같은 발전모델을 자기들의 국가에 이식받기를 원하고 있다. 또
한 번 놀라운 사실은 이들 국가들이 30년 전의 한국의 도시모델이
아니라 앞으로 만들 도시모델을 자기들에게 실현해주기를 원하고
있다는 점이다. 해외의 도시개발에 진출하고 있는 동남아시아·중남
미 국가들은 '도시수출'이라는 이름으로 도시계획, 도시개발, 도시관
리기법, 스마트시티와 같은 막대한 시장을 개척하고 있다.

4차 산업혁명과 새로운 도시들

▌4차 산업혁명과 새로운 기술들

'4차 산업혁명'에 대해서는 이것이 실체가 있는 단어인지 아직도 논란이 있다. 그렇지만 실체에 대한 불필요한 논란을 벌이기보다는 보다 발전적인 방향성에 집중해보자.

3차 산업혁명이 컴퓨터와 인터넷을 기술적 진보로 보았다면, 4차 산업혁명은 빅데이터, 네트워크(무선), 인공지능을 새로운 기술의 실체로 본다. 이는 분명히 단순한 컴퓨터와 인터넷과는 다른 차별성이 있다. 물론 1·2차 산업혁명에서 3차 산업혁명으로 구분되는 기술적 차이가 워낙 서로 다른 것이었기 때문에 일견 3차 산업혁명과 4차 산업혁명 사이에 어떤 차이가 있는지에 대해서는 학자들마다 서로 다른 의견을 제시하기는 한다.

그러나 이러한 차이가 무슨 의미가 있겠는가. 이미 앞선 4차 산업 혁명을 대표하는 빅데이터, 네트워크, 인공지능의 3개 기술을 가지고 발전하는 산업들이 증명하고 있는데 말이다. 미래도시와 관련해서 이 3가지 기술들을 살펴보자.

▌빅데이터

4차 산업혁명의 첫 번째 요소인 '빅데이터'는 도시에서 취합되는 막대한 데이터를 의미한다. 기존에 도시에서 생산되는 데이터들이 그냥 폐기되어왔다면, 이들이 데이터 댐에 취합되어 새로운 가치를 창출하는 데 사용될 수 있음을 의미한다.

우리가 일반적으로 도시공간에서 사용해왔던 스몰데이터들은 많이 있었다. 대표적인 것은 건축물의 개수나 상하수도 공급량, 버스 운행대수 등인데, 이런 것들은 굳이 발전된 기술요소가 없이도 축적할 수 있었고, 인공지능이 없어도 분석할 수 있었다. 그렇지만 매일 사용하는 교통카드 데이터, 핫플레이스에 방문하는 수많은 사람들이 인스타그램에 올리는 사진들, 특정 공간에서 사용하는 신용카드 사용량, 도시에 날아오는 미세먼지의 양과 방향, 도시에서 발생하는 교통사고 CCTV 등은 기존에 저장할 수 있는 혹은 전송 가능한 데이터 양을 압도적으로 초월했다.

이들 데이터들은 잘만 분석하면 뭔가 시민들이 원하는 서비스를 공급하는 데 유용하게 활용될 수 있지 않을까? 그래서 등장한

빅데이터를 기반으로 움직이는 이커머스 　　　　　　　출처: 서터스톡

것이 도시에 나타나는 데이터들을 축적해 분석하겠다는 시도였다. 단적으로 쇼핑이나 배달만 하더라도 이러한 데이터를 이용해서 충분히 소비를 유도할 수 있는 비즈니스 모델이 될 수 있음을 예상할 수 있다.

▌네트워크

4차 산업혁명의 두 번째 중요 요소는 '네트워크'다. '네트워크'와 3차 산업혁명 때 등장한 '인터넷'의 차별성을 굳이 찾는다면 '무선'이라는 점과 '실시간 연결'이라는 점에서 의미를 찾을 수 있다.

인스타그램을 예로 들면 시민들은 도시에서 돌아다니면서 찍는 사진들을 언제라도 네트워크에 업로드할 수 있고, 자신의 지인들과 공유할 수 있고 이 과정에서 커뮤니티가 형성되고 발전된 관계가 형성되기도 한다.

이처럼 무선으로 데이터가 이동하기 시작하면서 데이터의 양은

네트워크를 기반으로 움직이는 UAM   출처: 현대자동차

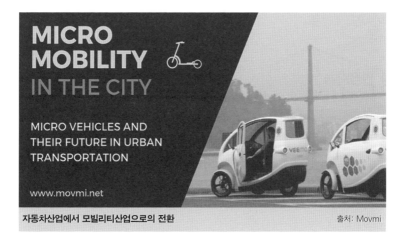

자동차산업에서 모빌리티산업으로의 전환   출처: Movmi

기하급수적으로 늘어가기 시작했고, 시민들의 일상은 실시간으로
노출되고 콘텐츠도 소비되기 시작했다. 무선 네트워크가 등장하면
서 데이터를 기반으로 한 산업은 그야말로 기하급수적으로 성장할
수 있었다.

단적으로 온라인 마켓만 하더라도 사람들은 이제 언제 어디서든 구매버튼을 누를 수 있게 되었고, 이에 대한 평가도 실시간으로 공유되고 소비되면서 온라인 마켓의 성장을 견인했다. 뿐만 아니라 차세대 교통수단으로 평가받고 있는 자율주행차량이나 UAM(Urban Air Mobility)의 경우에도 무선 인터넷이 없이는 복잡한 도시의 건물들 사이로 이동하는 게 불가능하다.

이러한 네트워크의 중요성은 기술과 산업의 결합체로서 이른바 잘나가는 산업이 모두 네트워크를 기반으로 한 산업이라는 측면에서 찾아볼 수 있다. 최근 들어 젊은 사람들이 가장 취업하고 싶어 하는 FAANG(Facebook, Amazon, Apple, Netflix, Google) 기업들은 모두 이 네트워크를 기반으로 움직이는 기업들이다.

인공지능

4차 산업혁명의 마지막 주요 요소인 '인공지능'은 특히 빅데이터와 연결되어 있다. 그도 그럴 것이 빅데이터를 분석하기에는 인간의 지능은 한계가 있기 때문에 기계지능의 힘을 빌리지 않을 수 없게 되었다.

물론 인공지능이 창조적인 인간의 역할도 대체할 것이라 주장하는 사람들도 있지만, 일차적으로 인공지능의 효용은 단순하지만 엄청난 양의 데이터를 빠른 시간 내에 분석하는 데 있다. 이미 많은 인공지능 코드들이 개발되어 깃허브(Git Hub) 같은 곳을 통해 공유되고 있으며, 지금도 계속 오픈소스 형태로 개발되고 공유되고 있다.

특정한 목표를 가지고 있는 인공지능도 개발사에 따라서 계속 진화하고 있기 때문에 관련산업도 새로운 혁신을 기다리고 있다.

가상현실과 메타버스

이러한 3가지 기술은 서로 따로 작동하는 것이 아니라 서로 연동되어 있기 때문에 D.N.A.라는 말로 등장하기도 한다. 그리고 이들 기술은 이미 새로운 산업의 출현까지 이루었다. 아직 실현되지 못한 기술들, 예를 들면 자율주행 5단계 기술들도 시기의 문제만 남았을 뿐 실현이 될 것이라는 것은 충분히 예견 가능한 일이 되었다.

그렇다면 이제 남은 것은 무엇일까? 앞선 1·2·3차 산업혁명 때처럼 기술과 산업의 변화는 도시공간의 변화를 이끌어왔다. 마찬가지로 4차 산업혁명도 기술과 산업의 변화가 이미 등장했고, 완성될 것이 예상되는 단계라면, 새로운 도시공간의 변화로 이어질 것임이 분명히 예상된다.

이는 역사적으로 우리가 배워온 것이며, 필연적으로 나타날 변화라고 볼 수 있다. 다음 시대, 미래에 등장할 도시의 모습, 바로 여기에 가상현실과 메타버스가 있다.

VIRTUAL REALITY

아직까지 가상현실이 가장 효과적으로 적응한 곳은 게임세계일 것이다. 모바일과 컴퓨터에 익숙한 많은 사람들은 가상현실의 형태로 만들어진 게임세계에서 서로 소통하는 데 익숙하다. 예전처럼 어떤 미션을 수행하기 위해 게임에 접속하는 것이 아니라, 일상의 하나로 게임'세계'에 접속하는 것이다. 게임 속 도시에 접속한 또 다른 자아는 현실세계와는 다른 공간과 시간에서 이웃들을 만나고 있다. 어떤 게임은 현실의 도시와 동일한 세계를 만들어놓고, 그 속에서 새로운 '나'가 새로운 '삶'을 살 수 있도록 하기도 한다. 가상현실 형태로 만들어진 게임 속의 도시공간들은 어떤 모습을 가지고 있을까? 어쩌면 현실세계의 우리는 모두 우주 어딘가에 앉아서 '현실세계'라고 만들어진 가상현실 게임을 하는 중일지도 모르겠다.

CHAPTER 3

가상현실과 게임 속 도시

사악한 과학자가 우리 감각의 모든 것을 속이는
통 속의 뇌를 개발해 우리를 속인다면?
- 힐러리 퍼트넘(미국의 분석철학자)

게임과 공부

게임이 금기시되던 시절

　언뜻 보기에 컴퓨터 게임과 공부는 서로 양립할 수 없는 적과도 같은 존재다. 많은 부모들이 자녀들의 게임문제로 괴로워하고 있으며, 해결책을 찾기 위해 분주하다. 필자의 학창 시절만 해도 게임은 절대 하면 안 되는 것이었으며, 동네 게임방은 무서운 형들이 구석에서 담배를 피우면서 아이들의 동전을 뜯던 곳이었다.

　필자는 대학에 와서야 속 편하게 컴퓨터 게임을 시작할 수 있었으며, 당시 보급된 386·486 컴퓨터는 수없는 밤을 뜬눈으로 새우게 하는 신기한 경험을 하게 해주었다. 대학원 연구실에 있었던 컴퓨터를 통해서 드디어 네트워크로 연결된 게임을 하기 시작하면서 내가 모르는 사람과 게임을 할 수 있다는 사실에 감격했고, 전화선으로 연결되어 삐이익삐익 하는 소리 너머에 내가 모르는 세계가 연결되고 있다는 사실에 흥분했었다. 그렇지만 그때만 해도 게임과 공부는 여전히 별개의 것이었고, 게임은 내가 원래 해야 하는 일과는 다소 거리가 있는 일이었다.

필자가 대학에 다니던 1990년대 초반, 당시 가장 속도가 빠른 컴퓨터였던 펜티엄 586 컴퓨터가 보급되면서 컴퓨터 게임 중 FPS게임, 즉 1인칭 시점의 슈팅게임이 등장하기 시작했다. 당시에 등장했던 게임은 울펜슈타인 3D(Wolfenstein 3D, 1992년 출시), 둠(Doom, 1993년 출시), 퀘이크(Quake, 1996년 출시), 언리얼토너먼트(Unreal Tournament, 1999년 출시) 등이었다.

이 게임들은 그 이전에 있었던 게임에 비해 1인칭 시점을 제공하는 3차원 컴퓨터 그래픽을 활용함으로써, 실제 게이머가 그 공간 안에 들어가서 적들을 물리치는 느낌을 주었다. 이른바 1990년대부터 컴퓨터 프로그램으로 만들어진 가상공간에 게이머가 들어가서 활동하는 시대가 시작되었다.

▌엔씨소프트의 프로야구 구단 창단

어느 날 게임회사인 엔씨소프트가 아홉 번째 프로야구 구단을 새로 만든다는 소식을 듣고 이를 비웃던 거대 기업들을 기억한다. 당시 이미 프로야구 리그에 진입해 있던 대기업들은 "게임이나 만드는 회사가 어떻게 막대한 비용이 드는 프로야구 구단을 창단하겠

국내 PC카페 모습   出处: 3poppc

가? 프로야구 구단을 창단하게 하면 KBO의 수준만 떨어뜨릴 것이
다"라고 비아냥거렸다.

그렇지만 엔씨소프트는 2011년 3월 31일 보란 듯이 프로야구 구
단 NC 다이노스를 경상남도 창원을 연고지로 해서 창단했다. 뿐만
아니라 2020년에는 창단 후 첫 우승까지 차지했다.

2010년경 처음 엔씨소프트가 프로야구 구단을 창단한다고 했을
때 많은 사람들은 게임이 아이들만 하는 것이고, 시장이 작을 것이
라고 생각했을 것이다. 그렇지만 10년이 지난 지금은 어떤가?

엔씨소프트의 프로야구 구단 창단! 필자는 이것을 게임산업이 사
회의 주류산업으로 등장하기 시작했음을 암시하는 상징적인 사건으
로 본다. 이미 Xbox나 플레이스테이션(Play Station), 스팀(Steam) 같
은 게임유통시스템들은 자체적인 콘솔 혹은 범용의 PC나 안드로이
드, 애플 기반 생태계를 통해서 우리들의 곳곳으로 침투했고, 강화
된 무선 인터넷을 통해서 서로 연결하고 있다.

뿐만 아니라 어느덧 게임회사는 청년층, 특히 앞으로 청년층이 될 10대들이 가장 가고 싶어 하는 회사가 되었다. 게임과 공부가 서로 양립할 수 없던 시대가 가고 게임과 공부가 공존해야 하는 시대가 왔다.

대한민국 IT의 5대 공룡을 지칭하는 '네카라쿠배(네이버, 카카오, 라인, 쿠팡, 배달의민족)' 중 카카오는 2012년 6월 카카오게임을 론칭하면서 비즈니스 모델이 부실해 적자에 허덕이던 회사를 흑자로 전환시켰다. 판교 IT단지를 상징하는 기업은 엔씨소프트(NC Soft)와 넥슨코리아(Nexon Korea)가 되었다. 컴퓨터 게임 개발자뿐만 아니라 컴퓨터 게이머들도 청소년들의 선망의 대상이 되었고, 컴퓨터 게임도 정식 스포츠의 하나로 인정받아서 프로게이머와 프로게이머 구단도 만들어졌다. 이제는 컴퓨터 게임이 금기시되기만 하는 대상은 아니게 되었다.

▌ 가상현실 게임

이 수많은 게임들 중 주목하고 있는 부분은 바로 가상현실과 관련된 게임들이다. 이 게임들은 나름의 독창적인 세계관을 가지고 빠른 네트워크 기술로 유저들이 들어와서 서로 마을을 이루고 단체를 조직해서 괴물들을 사냥하기도 하고, 전투를 벌이기도 한다.

이들은 아주 세련된 3차원 컴퓨터 그래픽 기술을 가지고 현실과 가상을 구별하기 어려운 수준으로 극한의 성능을 요구하는 경우도 있고, 아기자기한 2차원 캐릭터로 풍부한 스토리텔링을 가지고 충분한 유저들을 확보하기도 한다. 세련된 3차원 그래픽으로 표현되었다고 해서 그것만 가상현실 게임이라고 할 수는 없고, 아기자기한 2차원 그래픽으로 표현되어도 그것이 하나의 세계관을 형성한다면 충분히 가상현실이라고 부를 만하다.

특히 이러한 가상현실 게임들의 경우 독특한 세계관과 현실에 가까운 그래픽으로 구성되어 있을 뿐만 아니라, 여러 게이머들이 동시에 접속해서 서로 세계관을 공유하고 커뮤니티를 이루는 형식, 즉 메타버스 형식을 가지기 때문에 이용자들이 계속해서 늘어나는 모습을 보였다. 이처럼 가상현실 게임들이 큰 인기를 끌고, 이용자들도 늘어나게 되면서 가상현실 형식 게임들의 개발도 폭발적으로 늘어나게 되었다.

이러한 3차원 그래픽을 이용하는 게임은 그래픽 엔진을 이용해야 하는 것이 필수적인데, 언리얼엔진(Unreal Engine)이나 유니티 3D(Unity 3D)와 같은 3차원 그래픽 엔진을 개발한 회사들이 게임 개발사들에게 이들 엔진을 공유하도록 했기 때문에 게임 개발의 장벽 또한 많이 낮아진 상황이다. 한국뿐만 아니라 중국의 많은 게임 개발사들도 3차원 가상현실 게임들을 양산하기 시작했고, 서버 기술력이나 컴퓨터 그래픽이 평준화되면서 게임 개발의 성패는 '스토리와 캐릭터 구축'에 달려 있게 되었다.

메이플스토리, 바람의나라, 리니지

2차원 그래픽으로도 가상현실을 만들 수 있다, 메이플스토리

대표적인 가상현실 게임들을 살펴보자. 우선 메이플스토리(Maple Story)는 박진감 넘치는 이야기를 원하는 유저들과 아이템 판매를 통한 이익 창출이라는 개발사의 요구가 맞춰져서 운영되고 있는 대표적인 2차원 MMORPG 횡스크롤 게임이다. 위젯(Wizet)이 개발했으며, 넥슨(Nexon)과 스팀(Steam)에서 유통하고 있는 게임으로 가상현실 유형의 게임으로는 상당히 오래된 게임이다.

이 게임은 2차원 횡스크롤 형식이기 때문에 컴퓨터 그래픽 수준으로만 놓고 봤을 때는 1인칭 3차원 그래픽도 아니고, 공간을 3차원으로 구축하는 방식도 아니기 때문에 가상현실이라고 할 수 있을지

의문이 있을 수 있다. 그렇지만 화려한 3차원 그래픽에 현혹되지 않고 오히려 세계관 구축과 스토리 구성에 집중하는 것으로도 충분히 가상현실 형식이 성공할 수 있다는 것을 보여주었다.

메이플스토리는 이미 2002년 예비 테스트를 거쳐서 2003년부터 상용서비스를 시작했는데, 메이플스토리에서 '메이플'은 은월을 제외한 5명의 영웅들(Mercedes, Aran, Phantom, Luminous, Evan)을 의미하고, '스토리'는 5명의 모험가(Sugar, Tess, Olivia, Rondo, You)의 앞자리를 따서 만들어졌다. 굉장히 저사양에서도 돌아가는 게임이었기 때문에 이 게임의 성공은 스토리와 세계관, 충직한 유저들에 있다고 봐야 한다.

이 게임이 현란한 그래픽의 3차원 시뮬레이션이 아님에도 불구하고 이를 가상현실 혹은 메타버스의 하나로 보는 이유는, 이들 게임에 참여하는 유저들이 자체적으로 세계관을 공유하고 이를 통해 커뮤니티를 유지하고 있기 때문이다. 메이플스토리를 보면 2차원 그래픽을 3차원으로 전환하는 것쯤이야 이제는 비교적 적은 자본의 회사들도 얼마든지 가능해졌지만, 가상현실의 본질은 세계관의 형성과 커뮤니티에 있다는 것을 증명한다고 할 수 있다.

게임을 즐기는 공간도 메이플월드나 그란디스 같은 여러 세계 속에서 유저들이 각각 짜인 전사들과 영웅들의 삶을 사는 방식으로 유저들을 연결하고 있다. 당연하게도 세월이 흐를수록 이야기는 더욱 방대해지고, 게임 속에서의 영웅이 아니라 전설적인 게이머가 이야기에 오르내리기 시작했다. 게임 바깥의 현실세상에서 게임 속의 공간에서 이루어지는 세계관이 이어지는 것이다.

▌대한민국 최초의 가상현실 게임, 바람의나라

넥슨코리아(Nexon Korea)에서 본격적으로 가상현실 형태의 게임을 개발한 것은 1996년 최초로 상용화된 바람의나라부터라고 할 수 있다. 앞서 살펴본 메이플스토리가 2차원 횡스크롤 형식으로 비교적 단순한 그래픽 형식을 가지고 있었던 반면, 바람의나라는 보다 진일보한 3차원 형식의 그래픽을 기반으로 하고 있었다.

바람의나라

출처: 넥슨

　바람의나라는 MMORPG 온라인 게임으로, 국내와 세계 모든 지역에서 아마 가장 오래된 서비스를 하고 있는 게임 중 하나라고 할 수 있다. 아직 초고속 통신망이 등장하기도 전인 1996년에 나온 '가장 오래 서비스한 MMORPG'로 불리고 있다.

　이 게임은 원래 김진 작가의 동명 만화를 게임화시킨 것으로 알려져 있는데, 충실히 원작을 바탕으로 하고 있기 때문에 세계관의 형성이나 스토리의 구축에서 단연 탄탄한 구성을 보여주었다. 이제는 세계관이 점차 확장하다 보니 이미 원작과는 거리가 멀어졌으며, 충실하게 게이머들에게 업데이트를 진행하면서 세계관을 더욱 확장하고 있는 게임이다.

무엇보다 게임으로 자신의 아바타를 꾸민 후 다른 사람들과 대화를 나누거나 파티를 맺는 등 나름의 사회적 커뮤니티를 형성하는 세계관을 만들었다. 특히 바람의나라는 가상현실을 가지면서 다중의 게이머들이 같은 공간에서 소통하고 세계관을 공유한다는 측면에서 메타버스 형식 게임의 시작이라고 볼 수 있다.

원래 MMORPG는 대규모 다중 사용자 온라인 롤플레잉 게임(Massively Multiplayer Online Role-Playing Game)의 약자로서 이미 명칭에서부터 수천 명의 플레이어가 참여하는 작은 가상세계를 의미하고 있다. 따라서 이 당시 개발된 많은 MMORPG 게임들은 그것이 3차원 고성능 그래픽을 기반으로 공간을 구체화했건 그렇지 못했건 간에 기본적으로 메타버스 형식의 구성을 가지고 있었다고 할 수 있다.

이 게임은 RPG 게임 형식으로 사람들을 온라인으로 만난 뒤 동료가 되어서 같이 다니기도 하고 사냥도 하고 전쟁도 하는 등 현재의 메타버스 세계관이라고 부를 수 있는 것들이 혁신적으로 등장했다. 다만 캐릭터의 자기 상징성이나 자체적인 경제시스템 등을 갖추지 못한 것이 현재의 메타버스와의 차이점이라 할 수 있겠다.

끝나지 않는 진화, 리니지

넥슨코리아와 쌍벽을 이루는 한국의 게임회사인 엔씨소프트(NC Soft)의 대표작은 리니지(Lineage)다. 리니지는 1998년부터 서비스를 시작했으며, 신일숙 작가가 그린 원작을 게임으로 발전시킨 모델이었다. 리니지는 앞서 살펴본 바람의나라처럼 탄탄한 스토리와 세계관이 구축되었기 때문에 가상현실과 메타버스의 요소를 충분히 갖추고 있었다.

이 게임이 가지는 상징성과 그래픽의 현실성은 차치하고라도 가상현실에 있어서 중요한 몇 가지 이슈들이 있었다. 게임 속의 아이템을 가상화폐를 통해 거래할 수 있다는 점이었는데, 아이템베이와 같은 사이트를 통해 현금으로 거래가 가능하도록 했다. 뿐만 아니라 게임에서 만나서 실제 결혼까지 이어진 경우도 있었으며, 게임 속에

리니지 바츠해방전쟁　　　　　　　　　　출처: NC공식블로그

서도 게임 캐릭터로 실제 결혼식을 올리고 하객들도 참여해서 축하하는 경우도 생겼다. 가상세계와 현실세계의 경계가 무너지는 시점이었다.

뿐만 아니라 커뮤니티들이 각자의 세력을 형성해서 혁명을 일으키는 상황도 등장했는데, 이는 엔씨소프트 측에서 설정해놓은 스토리가 아니었다는 점에서 현실세계와 같은 자율성의 측면으로 볼 수 있다. '바츠해방전쟁'이라고 불리는 이 전쟁은 큰 세력을 가진 길드가 바츠 서버를 장악함으로써 일반 유저들이 게임하는 데 불편함을 겪게 되었고, 이때 20만 명이 넘는 게임유저들이 한날한시에 길드를 공격하는, 그야말로 현실세계에서나 등장할 만한 전쟁이 자율적으로 일어난 것이었다. 실제 전쟁은 아니었지만, 게임 속 가상현실세계에서 자율적으로 혁명군을 조직하고 이를 성공시켰다는 측면에서 게임사의 중요한 장면으로 기억될 수 있다.

배틀그라운드와 오버워치

▌글로벌 기업과 가상현실 게임

리니지의 경우 바츠해방전쟁과 같은 이슈들이 있기는 했지만, 여전히 참여자(게이머)의 자유도는 제한을 받는 상황이 있었다. 예를 들어 플레이어들이 자유롭게 아이템을 창조하거나 세계를 직접 만들거나 하는 것은 불가능했다. 하지만 지금부터 등장하는 게임들, 즉 배틀그라운드와 오버워치 등은 이러한 가상현실 속에서 자유도에 대한 한계를 극복하기 시작했다.

자유도에 대해 이야기하기 전에 현실성이 강화된 몇 개의 게임을 살펴보자. 게임의 현실성은 컴퓨터 그래픽의 도움으로 실현되는데, 그만큼 현실세계와 가상세계의 경계를 허무는 데 영향을 주게 된다.

〈매트릭스〉 4편에서 네오가 게임 개발자로 일하는 모습 　　　　　　출처: 워너브라더스

가상세계와 현실세계 사이를 오가며 이야기를 전개했던 영화 〈매트릭스〉는 3부작 이후 4편을 기획하면서 3부까지의 내용이 모두 가상현실의 내용이며, 이것이 모두 게임 속 이야기였다는 식으로 관객들을 혼란에 빠뜨렸다.

〈매트릭스〉의 주인공인 네오(키아누 리브스 분)는 〈매트릭스〉 4편에서 게임회사에 근무하는 게임 개발자로 등장했다. 마치 1편에서 3편까지의 내용에서 가상세계와 현실세계를 넘나들며 진행되었던 모든 스토리는 현실세계가 아닌 가상세계 속의 이야기이며, 네오가 개발한 게임 스토리에 불과하다는 식으로 4편의 이야기를 전개한다. 그만큼 현실세계와 거의 동일하게 만들어진 가상세계의 가능성에 대해 이야기한다.

그렇다면 글로벌 게임 기업들이 개발하고 있는 가상현실은 어디까지 진행되었을까?

가상현실 게임 개발시대를 열다, 배틀그라운드

2차원 횡스크롤 게임인 메이플스토리(Maple Story)에 비해 3차원 현실에 가까운 그래픽 성능을 발휘하는 게임으로는 배틀그라운드(Battle Grounds, 2017년 출시), 오버워치(Overwatch, 2016년 출시), 포트나이트(Fortnite, 2017년 출시) 같은 게임을 들 수 있다. 이 중 배틀그라운드는 크래프톤(Krafton)의 자회사인 펍지(PUBG) 스튜디오에서 개발한 MMO 슈팅게임이다.

배틀그라운드는 1인칭 슈팅게임 형식에 서로 팀을 구성해 진행하는 배틀로얄 게임으로, 방대한 오픈월드 맵에서 물건을 얻고 전략을 사용하면서 일종의 커뮤니티를 형성하는 가상현실 형태의 게임이다. 이 게임은 스팀(Steam)을 통해 전 세계에 동시출시되었으며, 300만 명이 넘는 동시접속자 기록을 세우면서 가상현실 게임 개발시대를 열었다. 그 이후 포트나이트와 오버워치 같은 배틀로얄 방식의 게임들이 줄을 이었으며, 콜오브듀티 같은 1인칭 슈팅게임에서도 네트워크 방식의 팀전을 도입하는 방식으로 전환하는 계기를 제공하기도 했다.

배틀그라운드의 게임 표지를 보면 이 게임이 지향하는 바를 이해할 수 있는데, 일반 회사원으로 보이는 사람이 HMD(Head Mount Display)를 쓰고 전장에 뛰어드는 장면이 그것이다. 현실세계에서는 평범한 회사원이었던 사람이 가상의 게임세계에서는 전쟁영웅일 수 있는 게임의 설정이다. 전설적인 게이머들도 등장했으며, 프로운동선수에 버금가는 인기와 부를 축적할 수 있었다. 또한 이 게임의 전

배틀그라운드   출처: 크래프톤

체 명칭도 PUBG(Player Unknown Battle Grounds)로 되어 있는데, 이는 알 수 없는 유저들이 서로 가상현실세계에서 팀을 이루어서 싸우는 이 게임의 특징을 잘 보여준다.

또한 이 게임은 극강의 GPU 성능을 요구했던 것으로 유명한데, 그만큼 현실과 유사한 가상세계를 3차원 형태로 구현하는 데 집중했던 것으로 볼 수 있다. 유저의 수를 고려하면 이러한 3차원 구현용 하드웨어의 성능은 어느 정도 타협할 수밖에 없는 상황이긴 한데, 이는 각 게임 개발사들이 공통으로 겪고 있는 레벨 밸런스의 문제이기도 하다.

극강의 고성능으로 정말 현실 같은 기술력을 보여주는 대신 따라오지 못하는 유저들을 포기하고 투자자의 마음을 얻을 것인가, 혹은 다소 현실감은 떨어지지만 충실한 유저들을 확대해갈 것인가 하는 것은 시장조사 단계에서 가상현실 개발사들을 고민에 빠지게 하는 지점이기도 할 것이다. 이러한 고민 속에서 크래프톤사의 전략은 '극강의 그래픽 성능'이었다. 물론 처음 배틀그라운드를 출시했을 당시보다 현재는 그래픽카드와 CPU의 성능이 훨씬 좋아졌기 때문에 이제는 어느 정도의 그래픽 성능 타협만 한다면 게임을 즐기는 데 제약이 없어졌다.

▌현실공간과 가상공간의 간극 줄이기, 오버워치

극강의 3D 그래픽 하드웨어 성능을 요구하는 배틀그라운드에 비해 비교적 낮은 사양에서도 충분히 돌아갈 정도로 최적화가 잘 되어 있는 3차원 게임으로는 미국 블리자드 엔터테인먼트(Blizzard Entertainment)에서 개발한 오버워치를 들 수 있다. 오버워치는 배틀 그라운드와 거의 비슷한 형식의 배틀로얄 게임으로 PC뿐 아니라 PS4·Xbox·닌텐도에서도 게임이 가능하며, 게이머들이 서로 가상 공간에 접속해서 개인 혹은 단체로 전투를 벌일 수 있는 형식이다.

특히 전략시뮬레이션 게임인 스타크래프트(Starcraft)와 워크래프

오버워치   출처: 블리자드 엔터테인먼트

트(Warcraft)를 개발했던 블리자드답게 잘 짜인 스토리와 잘 조정된 밸런스로 출시 당시 온라인 게임 중 1위를 차지했다. 뿐만 아니라 한국의 여러 명소들을 게임의 공간적 배경으로 등장시킴으로써 가상현실에서 한국의 도시공간을 경험하게 했다. 또한 게임 속에 한국 캐릭터도 추가해 게임유저가 한국 캐릭터를 선택할 수 있도록 하면서 가상현실 속 게임을 하면서도 현실공간과의 일체감을 높이려는 시도를 했다.

이러한 오버워치의 세계관과 현지화 전략은 최대한 가상현실 공간과 현실세계 공간의 이질감을 해소하려는 시도라 할 수 있다. 게이머들은 가상현실 공간에서 다른 게이머들과 함께 게임을 즐기지만, 현실에 있는 공간과 유사한 공간이며 캐릭터도 한국인 캐릭터가 있기 때문에 가상현실 속에서의 이질감을 줄일 수 있다. 이렇듯 오버워치는 현실공간과 가상공간의 간극을 줄이려는 시도를 통해 사용자에게 어필하는 전략을 사용하고 있다.

이러한 사실은 가상공간에서 만들어지는 도시공간이 완전히 새로운 '현실세계에 없는 공간'일 때보다 오히려 현실에 있는 공간을 기반으로 만들어질 때 사용자들이 더욱 신기해 하고 현실감을 느낄 것이라는 생각에 기반하고 있다. 어떻게 하면 가상현실 게임에 더 몰입하게 만들 것인가, 이것이 수많은 가상현실 게임이 개발되는 시점에서 중요한 목표가 되고 있다.

극강의 자유도, 동물의숲

▌가상현실과 메타버스, 자유도의 문제

  앞서 설명한 대성공을 이룬 게임들은 기존의 게임과는 달리 실제 나의 분신이 게임 속에서 돌아다니면서 커뮤니티를 이루기도 하고, 결혼도 하고 사냥도 하고 전쟁을 벌이기도 하면서 가상현실이라는 개념을 들여오기 시작했다. 어떤 게임들은 강력한 컴퓨터 그래픽 기술이나 VR기기를 바탕으로 현실에 근접한 가상세계를 실현시켰다. 그렇지만 가상현실이라는 관점에서 보면 뭔가 부족하다. 과연 그것이 무엇일까?

  우리는 현실세계에서 살면서 우리가 원하는 꿈을 꾸고, 그 꿈을 실현하기 위해 노력한다. 물론 신이 허락하는 범위에서 혹은 예정된 인간의 운명에 따라 삶을 산다고 믿을 수도 있지만, 어찌 되었건 인간의 기본적인 본성인 자율성에 대해서 부정할 수는 없다. 그렇다면 가상세계가 현실세계와 비슷한 수준으로 인식이 되려면 과연 무엇이 필요할까?

'자유도'에 대해 이야기하지 않을 수 없다. 게임 제작자가 만들어 놓은 시나리오 혹은 세계관 안에서 플레이하는 것이 아니라, 내가 원하는 만큼 무엇이든 꿈을 실현시킬 수 있는 것이어야 한다. 현실세계라면 내가 선택하는 것은 무엇이든 할 수 있는 자유도가 있는데, 가상세계에서 게임 제작자가 만들어놓은 공간과 시나리오에 따라서만 움직인다면 가상현실이라는 관점에서 흥미가 반감될 수밖에 없다.

이전의 가상현실 게임은 게임에서 진행해야 하는 미션이 정해져 있었다. 그렇기 때문에 프로그래머가 3차원 그래픽으로 만들어놓은 공간에서 정해놓은 시나리오에 따라 진행할 수밖에 없는 구조를 가지고 있었다.

하지만 현실세계와 동일한 수준의 가상현실 공간을 만들기 위해서는 다음의 4가지가 가능해야 한다. 첫째로 정해진 시나리오가 없거나 최대한 많은 옵션이 있어야 하고, 둘째로 게이머는 개발자가 만들어놓은 공간 안에서만 다니는 것이 아니라 자유롭게 다닐 수 있어야 하며, 심지어는 본인이 도시계획가나 건축가가 되어서 스스로 게임 속 공간을 만들 수 있어야 한다. 셋째로는 현실세계 속의 여러 아이템과 인물들이 가상세계 안에서 자유롭게 등장할 수 있어야 할 것이며, 넷째로는 2차원 컴퓨터 모니터가 아니라 VR·AR기기를 통해서 3차원 형식의 체험이 가능해야 한다.

보다 진보한 자유도를 선사하다, 동물의숲

이러한 관점에서 보다 진보한 자유도를 선사한 게임이 등장하는데, 게임 분야에서 전통의 강자였던 닌텐도(Nintendo)의 동물의숲이다. 2001년 처음 출시된 동물의숲은 자유롭게 원하는 것을 만들며 살아가는 '샌드박스' 유형의 게임으로 만들어졌다.

첫 번째 핵심기능은 옷이나 바닥, 타일 등 상품을 직접 디자인하는 '마이 디자인'으로 마크제이콥스, 발렌티노와 같은 명품회사들이 자신들의 신상품들을 '동물의숲'을 통해 공개하기도 했으며, 메트로폴리탄 미술관(The Metropolitan Museum of Art)은 자신들이 소유한 작품을 동물의숲으로 가져갈 수 있도록 허용했다.

두 번째 핵심기능은 실제공간을 만드는 것이었는데, 자신이 만든 섬을 다른 플레이어들에게 공개해 방문하게 할 수 있는 '꿈번지' 기능이었다. 실제로 미국 대선 당시 바이든은 '마이 디자인'을 통해서

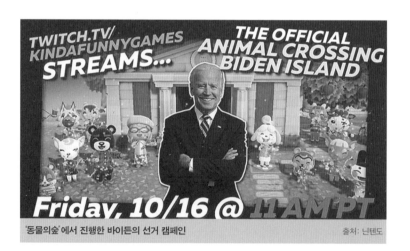

'동물의숲'에서 진행한 바이든의 선거 캠페인 　　　　　　出처: 닌텐도

'동물의숲'이 출시된 2001년 4월 당시 닌텐도 주가 현황 및 현재 주가 현황   출처: 구글 금융

지지 표지판을 배포하고, 바이든 섬을 만들어서 어필하기도 했다.

　포켓몬고를 통해서 AR기능을 게임에 접목시킨 닌텐도는 코로나 19 과정에서 '동물의숲' 모바일 버전을 통해 폭발적인 성장을 하게 되었다. 동물의숲 출시가 닌텐도의 주가를 끌어올린 상황을 보면, 이러한 가상현실 게임이 전통적인 게임 시장을 변화시켰으며, 전통적인 게임업계의 왕좌에 있었던 닌텐도마저도 가상현실 게임 개발에 진출하게 하는 변화를 이끌어냈다고 할 수 있다.

메타버스 게임의 대명사, 로블록스

새로운 가상현실의 등장

가상현실이나 멀티버스 개념에 보다 충실한 게임은 닌텐도 (Nintendo)나 블리자드(Blizzard) 같은 게임업계나 IT 분야에서 꽤나 알려진 빅테크 기업들이 개발하고 있는 가상현실 게임의 전쟁터에서 다소 떨어진 외곽지역에서 태동했다.

로블록스(Roblox)는 사용자가 직접 게임을 프로그래밍하고 다른 사용자가 게임을 즐길 수 있도록 만든 게임이자 게임플랫폼이다. '게임이자 게임플랫폼'이라는 개념을 같이 쓴 이유는 게임플랫폼이 었기 때문에 개발자가 직접 개발하지 않은 게임들도 게임플랫폼 속에 무한히 확장되어 나타나기 시작했고, 이 게임들이 거대한 세계관을 형성하기 시작했기 때문이다.

데이비드 바수츠키(David Baszucki)가 2004년에 설립하고 2006년에 출시한 이 플랫폼은 독자적인 프로그래밍 언어로 코딩된 여러 장르의 사용자 제작 게임을 호스팅함으로써 게임플랫폼을 확장시켜나갔다. 이후 메타버스 게임의 대명사처럼 인용되었고, 2021년에는 570만 명의 최대 동시접속자를 달성했으며, 월 1억 6,400만 명의 사용자가 이 게임을 플레이한다고 알려져 있다("Gamers are logging millions of hours a day on Roblox".《The Economist》. 2020년 8월 21일).

지금도 로블록스 사용자는 계속 늘어나고 있으며, 미국 어린이의 절반 이상이 로블록스를 플레이하는 것으로 유명하다(Browning, Kellen. "You May Not Know This Pandemic Winner, but Your Tween Probably Does".《The New York Times》. 2020년 8월 16일).

▎가상현실 속의 가상화폐, 로벅스

로블록스의 경우 각 유저가 게이머이자 개발자, 프로그래머가 되는 개념이었기 때문에 네트워크망에 적합한 개념으로 진화해나갔고, 로벅스(Robux)라는 가상화폐를 통해 이 세계관에서 통용되는 화폐까지 만들어냈다. 원래 틱스(Tix)라는 가상화폐가 있었지만, 2016년 이후 틱스는 사라졌다.

플레이어는 현실세계의 화폐로 가상화폐인 로벅스를 구매할 수도 있고, 가상현실 콘텐츠를 개발해 판매함으로써 로벅스를 획득할 수도 있다. 이미 자체적으로 통화의 유통이 이루어지고 있는 것이다.

로블록스   출처: 로블록스 코퍼레이션

금본위 화폐는 아니지만 이미 거래 기능을 하고 있다는 측면에서 비트코인 같은 가상화폐 역할을 하고 있고, 일반 가상화폐와는 달리 게임상에서만 거래될 수 있기 때문에 이를 NFT라고 부른다.

로블록스는 사용자가 독자적인 게임엔진인 루아(LUA) 플랫폼을 사용하는 개발환경인 '로블록스 스튜디오(Roblox Studio)'를 사용해 게임을 만들고, 다른 사람들이 이 게임을 플레이할 수 있도록 제공한다. 이처럼 게이머와 개발자가 동일한 독특한 환경은 여러 선도적인 모델을 만들어냈는데, 데브포럼(Devforum)이 대표적이다.

데브포럼은 자체적인 개발자들의 모임으로, 참여도에 따라서 6개의 레벨로 구성된다. 방문객(Visitor), 회원(Member), 정규회원(Regular), 최우수 기여자(Top Contributor), 커뮤니티 편집자(Community Editor), 커뮤니티 세이지(Community Sage)로 구성되는데, 상위 레벨에서 커뮤니티(Community)라는 명칭을 사용하고 있다는 것은 가상세계 자체를 디자인하는 것을 의미한다.

로블록스는 미국 어린이들의 절반 이상이 플레이하고 있을 정도로 지배력이 강하며, 동시접속자가 무려 600만 명에 달할 정도로 충실한 팬덤을 구축하고 있다. 2021년 5월 기준으로 4천만 개 이상의 게임들이 플랫폼 안에 구축되어 세계관을 형성하고 있는 것으로 알려져 있다.

이러한 가상세계에서의 커뮤니티는 가상세계에서 가끔 뛰쳐나와서 현실세계와 조우하기도 한다. 즉 로블록스 코퍼레이션(Roblox Corporation)은 매년 샌프란시스코에서 로블록스 개발자 콘퍼런스를 개최하기도 하면서 로블록스의 상위 개발자들이 회사의 정책과 플랫폼의 변경사항을 알 수 있도록 도와주기도 한다.

MS는 왜 블리자드와
마인크래프트를 샀나?

▌마이크로소프트의 식구가 된 블리자드

2022년 1월 18일, 드디어 마이크로소프트(Microsoft)가 687억 달러에 액티비전 블리자드(Activision Blizzard)를 인수했다. 이는 마이크로소프트의 역사상 최대 M&A이며, 이전까지 최대 인수가였던 전문가용 SNS인 링크드인(Linked In)을 2016년 6월에 인수할 때 기록한 262억 달러의 2배가 넘는 엄청난 금액이었다. 앞으로 이 M&A가 마이크로소프트에 어떤 영향을 주고 사업구조를 어떻게 바꿀지는 지켜봐야 하겠지만, 이 사건은 마이크로소프트와 같은 전통적인 IT 기업이 네트워크와 메타버스 플랫폼에 직접적으로 뛰어들기 시작했다는 것을 의미한다.

이미 마이크로소프트는 마이크로소프트 애저(Microsoft Azure)를 통해서 아마존의 AWS(Amazon Web Services)에 버금가는 글로벌 클라우드 서버 시장을 선도하고 있었고, AR기기인 홀로렌즈(HoloLens) 역시 보유하고 있었다. 다른 여타의 가상현실·메타버스 기업인 애플(Apple), 아마존(Amazon), 구글(Google), 페이스북(현 메타, Meta)에 비해 다소 전통적인 기업으로 보였던 마이크로소프트는 블리자드 인수를 통해 콘텐츠와 세계관을 폭발적으로 확대할 수 있을 것이라 예상된다.

특히 무엇보다 이미 가지고 있던 기술력에 더해서 콘텐츠를 단번에 확보함으로써 가상현실 플랫폼을 구축할 수 있는 교두보를 확보했다. 이는 3차원 가상현실 게임 역사에서 전설적인 가상현실 게임이었던 헤일로시리즈, 둠시리즈, 퀘이크시리즈, 울펜슈타인시리즈, 콜오브듀티시리즈, 스타크래프트시리즈, 오버워치시리즈가 모두 마

블리자드 게임　　　　　　　　　　　　　　　　　출처: 블리자드 엔터테인먼트

이크로소프트 지붕 밑에 모이게 되는 것을 의미한다.

마이크로소프트의 블리자드 인수는 글로벌 4차 산업혁명 기업들이 속속 가상현실·메타버스 플랫폼에 합류하고 있다는 것을 보여준다. 기존에 개발을 시작한 기업들도 있고, 이미 개발된 플랫폼을 합병하는 방식을 취하는 기업들도 있다. 어찌 되었건 가상현실의 영역이 점차 넓어지고 있다.

▌무한하게 만들 수 있는 가상현실 도시플랫폼, 마인크래프트

마이크로소프트가 거액에 인수한 게임 중에 로블록스와 비슷한 블록형 그래픽 디자인으로 보여주고 있지만 보다 가상세계를 만드는 데 충실한 게임인 마인크래프트(Minecraft)가 있다. 마인크래프트는 극강의 성능을 요구하는 3차원 그래픽 게임들에 비해서는 다소 촌스러워 보일 수 있는 블록들을 쌓는 방식의 게임이지만, 2021년 2월 기준으로 누적 판매량이 2억 장을 돌파할 정도로 전 세계에서 가장 많이 팔린 게임 1위로 알려져 있다.

원래 마인크래프트는 모장 스튜디오(Mojang Studio)라는 인디게임 개발사에서 개발했지만, 2014년 마이크로소프트가 25억 달러에 인수하면서 메이저 게임의 테두리 안으로 들어왔다. 단지 많이 팔린 것뿐만 아니라 게임 평론가들에게도 엄청난 호평을 받았는데, 《타임》지가 선정한 '2010년대 10대 비디오 게임'으로 선정되기도 했다.

마인크래프트는 3차원으로 블록을 쌓는 매우 단순한 기능과 마치 레고에 등장하는 인물 같은 게이머를 움직이면서 사냥을 하거나 건

마인크래프트 출처: 마이크로소프트

축물을 짓거나 하는 등 세상에서 할 수 있는 모든 일들을 할 수 있다는 측면에서 게임의 정의를 한마디로 내리기 어려운 특징을 가지고 있다. 정해진 목적과 스토리가 없기 때문에 무엇을 하든 가능한 형식을 가지고 있다. 어쩌면 게임에서 지향하는 바가 가상현실을 만드는 것 자체라고 할 수 있으며, 게이머가 무엇을 만드느냐에 따라 액션게임이 될 수도 있고 건설시뮬레이션 게임이 될 수도 있는 특징을 가지고 있다.

현실세계와 동일한 수준 혹은 그 이상의 자유도를 제고하고 있기 때문에 유저들은 혼자서 도시를 건설하기도 하고, 때로는 수많은 유

마인크래프트로 만들어진 버클리대학교 캠퍼스   출처: 버클리대학교

저들이 모여서 한 국가 혹은 지구를 만드는 일을 시도하기도 한다. 실제로 많은 도시들이 가상공간에 수많은 유저들에 의해 만들어졌으며, 게이머들은 이 가상공간을 만들기도 하고 만들어져 있는 공간에서 다양한 커뮤니티를 즐기기도 하면서 세계관을 확장해나가고 있다.

교육용 버전을 통해서 코딩수업을 지원한다거나 MS의 증강현실 플랫폼인 홀로렌즈에서도 구현할 수 있는 게임으로 확장되고 있고, '마켓플레이스(Market Place)'를 통해서 캐릭터들이 입을 수 있는 스킨과 유저들이 만드는 다양한 게임을 통해 수익화하기도 했다. 코로나19 시국에서 버클리대학교(University of California, Berkeley)와 펜실베이니아대학교(University of Pennsylvania)의 캠퍼스를 그대로 구현하기도 했고, 일본의 초등학교 졸업식이 진행되기도 했다. 무엇보다 유저들이 직접 게임 속 블록을 이용해서 세계를 창출하고 있다는 점에서 가상세계의 확장과 자율성을 확보하고 있다.

마인크래프트를 인수한 2014년 9월 당시 마이크로소프트 주가 현황 및 현재 주가 현황

출처: 구글 금융

　마이크로소프트의 주가 추이를 보면 메타버스 관련 게임이나 콘솔을 인수할 때마다 대폭 오르는 것을 확인할 수 있다. 마이크로소프트가 아마존이나 메타 같은 플랫폼 기업들과 경쟁하기 위한 전략 때문에 이들을 사들이고 있는 것이다.

가상도시를 만들다,
시티즈 스카이라인

▎도시시뮬레이션 게임

마인크래프트가 블록 형식의 건축방식을 통해 엄청난 자유도를 가지고 있기는 하지만, 도시계획을 하는 데 있어서 주로 활용하는 벡터기반의 여러 컴퓨터 그래픽 프로그램들을 직접 적용하기는 한계가 있다. 또한 모든 공간을 플레이어가 직접 만들어야 하는 한계가 있다. 이에 비해 가상도시를 만드는 데 특화되어 있는 게임으로는 도시건설시뮬레이션으로 분류되는 게임들을 들 수 있다. 대표적인 도시시뮬레이션 게임으로는 심시티(Sim City)가 있었다.

맥시스사에서 개발한 심시티는 1989년에 처음 출시한 이후 2014

년 심시티빌드잇까지 도시건설시뮬레이션 게임의 대명사로 불렸다. 간단한 방식으로 도로와 건축물들을 만들어내면 컴퓨터가 시뮬레이션해서 사람이나 차량이 움직이고, 에너지나 폐기물의 양을 추정해 추가로 짓지 않으면 도시에 문제가 일어나도록 하는 방식으로 도시건설을 시뮬레이션했다. 매우 상징적인 게임이었지만, 맥시스사가 일렉트로닉아츠(Electronic Arts)에 매각되면서 EA에서 발매하기 시작했다. 그러나 2013년 발표한 심시티가 실패하면서 현재는 더 이상 개발이 되지 않고 역사 속으로 사라졌다.

비록 심시티가 도시를 만드는 시뮬레이션 게임이기는 했지만, 격자형태의 맵에 배치하는 수준이었고, 도시를 만드는 공간적 한계가 있었기 때문에 가상공간을 만들기에는 자유도가 부족했다. 또한 내가 만든 도시에 다른 유저들이 참여할 수가 없었기 때문에 플랫폼으로서 확장 가능성에도 한계가 있었다.

▌자신만의 가상현실 공간을 꾸미다, 시티즈 스카이라인

이에 비해서 실제 가상도시를 만드는 데 있어서 보다 효과적이고 만든 가상도시의 효율성까지 시뮬레이션해볼 수 있는 프로그램이 콜로셜 오더(Colossal Order)에서 개발한 시티즈 스카이라인(Cities Skylines)이다. 심시티가 가지는 자유도와 네트워크의 한계에 비해 시티즈 스카이라인은 가상공간을 만드는 데 있어서 자유도가 상당히 높으며, 전 세계 유저들이 만들어놓은 랜드마크들을 구매해서 자기의 가상현실 공간을 만들 수 있는 장점을 가지고 있다.

뿐만 아니라 오토캐드(AutoCAD), 스케치업(Sketch Up), 라이노(Rhino)와 같은 건축·도시설계용 컴퓨터 그래픽 프로그램을 이용해서 본인이 직접 설계한 공간을 불러오는 방식으로 끼워 넣을 수도 있고, 인공지능에 자동으로 도시공간을 배치하도록 명령을 내릴 수도 있다는 장점이 있다. 또한 유저들이 도시공간을 구성하는 것에 따라서 교통이 막히거나 전력이나 상수도가 부족한 것 등을 미리 시뮬레이션해서 알려주기도 하기 때문에 단순한 그림 이상의 도시경영 시뮬레이션이 가능하다. 따라서 거의 현실세계와 유사한 가상현실 공간을 구축하는 게 굉장히 편리하며, 뛰어난 확장성을 갖추고 있다.

실제로 시티즈 스카이라인 게임엔진을 이용해서 실제 한국에서 만들어지고 있는 도시를 몇 가지 시뮬레이션해보았는데, 현실적인 도시구상이 가능한 것을 확인했다. 필자가 2007년 참여했던 새만금 신도시 마스터플랜의 경우 서울의 70% 정도의 규모로 조성되는 대

시티즈 스카이라인으로 만든 새만금 신도시　　　　　　출처: 서울대학교 도시설계연구실

규모 신도시 개발 프로젝트다. 이 새만금 신도시에 건축물을 모두 일일이 배치하는 것은 거의 불가능하다고 할 수 있다. 그렇지만 이 프로그램을 이용해서 토지이용계획을 지정해주면 자동으로 건축물을 배치하고, 전체 도시에 거주하는 인구와 자동차의 이동까지 컴퓨터가 시뮬레이션해주는 것을 확인할 수 있었다.

새만금 신도시 이외에도 강릉·판교 등 다양한 지역의 개발구상안을 이 게임엔진을 이용해서 시뮬레이션해봤는데, 이 도시가 계획대로 조성되었을 때 시민들은 행복해할 것인지, 교통은 막히지 않는지 등을 시뮬레이션해볼 수 있는 도구로 활용이 가능할 것이라고 생각한다.

물론 이 게임은 전문가용이 아니기 때문에 시뮬레이션 결과를 활용하는 것은 제한적일 것이라 본다. 그렇지만 앞으로 전문가용으로 개발될 가능성은 충분할 것이다.

게임이 문화가 되다,
포트나이트 '파티로얄'

에픽게임즈의 포트나이트

전쟁터에서 공연을 보는 것이 가능할까? 전쟁 속에서도 위문공연이 열리기도 하고, 베를린 올림픽은 2차 세계대전 중에 개최되었다. 이러한 일이 게임 속에서도 일어났다. 2018년 3D 그래픽 게임엔진 언리얼엔진(Unreal Engine)으로 유명한 에픽게임즈는 플레이어들과 협력해서 요새를 건설하고 상대를 물리치는 '배틀로얄' 형태의 게임인 포트나이트를 출시했다.

이 게임은 한국에서는 다른 게임에 비해 인기가 상대적으로 높지 않지만 전 세계 이용자 수가 3억 5천만 명이 넘는 초대형 게임이며,

미국의 Z세대 40%가 매주 한 번 이상은 접속할 정도로 큰 인기를 누리고 있는 게임이다.

포트나이트가 다른 3인칭 가상현실 슈팅게임보다 주목받게 된 것은 이 플랫폼에서 진행되는 공연인 파티로얄(Party Royale) 때문이다. 여타의 게임들처럼 포트나이트도 기본적으로는 1인칭 3차원 그래픽을 기반으로 하는 슈팅게임이었다. 그러다가 2017년 9월 배틀로얄(Battle Royale) 기능을 추가하면서 포트나이트는 폭발적인 성장을 시작한다.

포트나이트는 처음 출시될 때만 해도 앞서 살펴본 크래프톤(Krafton)사의 자회사인 펍지(PUBG) 스튜디오에서 출시한 배틀그라운드와 비슷한 구조로 유저들이 가상공간에 들어가서 다른 유저들과 세계관을 공유하며 같이 게임을 진행하는 방식이었다. 동일하게 3차원 컴퓨터 그래픽 엔진을 바탕으로 해서 1인칭 슈팅게임으로 정신없이 뛰어다니면서 괴물을 사냥하던 방식에 비해 컴퓨터로 만들어진 가상공간에 유저들 다수가 들어와서 팀을 이루거나 하는 방식으로 상대방을 섬멸하거나 다른 괴물을 사냥하는 방식의 게임방식은 가상공간 속에서 유저들 간의 유대관계를 형성시켜주고, 3차원 현실과 비슷한 수준으로 가상공간을 경험하게 한다는 점에서 큰 차이가 있었다.

▌파티로얄이라는 획기적인 서비스

이처럼 포트나이트가 일반적으로 전투를 즐기는 게이머들이 접속하는 가상현실 게임이었다면 그다지 주목받지 않았을 수도 있다. 그렇지만 에픽게임즈는 2020년 2월 획기적인 서비스를 추가하는데 그것이 바로 파티로얄 모드였다.

포트나이트 '파티로얄'에서 열린 트래비스 스콧의 콘서트   출처: Travis Scott

파티로얄은 일종의 비무장지대로서 가벼운 미니게임을 즐기거나 콘서트·영화 등의 공연을 관람하는 장소로 활용되었다. 마치 특정한 용도가 있지 않는 도시 속의 광장 같은 공간이었다. 그래서 게임에 참여하지 않는 유저들도 이러한 공연을 보기 위해 포트나이트에 접속하기 시작했으며, 영화와 엔터테인먼트 회사들이 이 포트나이트를 가상의 공연공간으로 활용하기 시작했다.

가장 대표적인 행사는 미국 힙합가수였던 트래비스 스콧(Travis Scott)의 온라인 콘서트에 2,700만 명이 동시에 접속한 사건이었다. 일반 방송이 아닌 온라인 게임플랫폼에 이 정도의 관객이 집중한 것은 혁신적인 사건이었다. 이후에도 〈어벤저스(Avengers)〉나 〈데드풀(Deadpool)〉, 〈배트맨(Batman)〉과 같은 영화 캐릭터들의 스킨을 제공하는 등 포트나이트는 다양한 크로스 플랫폼 형태로 문화를 형성하기 시작했다.

VIRTUAL REALITY

3차원 도시공간을 가상현실로 만드는 기술에는 어떤 것들이 있을까? 인간이 3차원 공간을 인식하는 것은 여러 가지 감각과 기억을 총동원해서 진행되기 때문에 3차원 도시공간을 가상현실로 만들기 위해서는 이러한 감각과 기억을 완벽하게 속여야만 가능하다. 최근 가상현실 시장에 부침이 있는 것은 아직까지 이들 감각과 기억을 기만하는 기술이 인간의 능력을 뛰어넘지 못하고 있기 때문이다. 인공지능이 아무리 발전한들 무엇하겠는가? AR 고글을 쓰는 순간 이질감을 느끼게 될 텐데. 그렇기 때문에 아직 3차원 도시공간을 완벽한 가상현실로 만드는 것은 기술적인 진보가 많이 필요하다. 물론 앞으로 이들은 완벽하게 인간의 감각과 기억을 속이게 될 것이다. 도시공간을 가상현실로 만들기 위한 기술은 어떤 것들이 있고, 어떤 사람들이 이러한 혁신을 이끌고 있을까?

CHAPTER 4

도시를 가상현실로 만드는 기술

우리는 이미 가상현실 안에 살고 있다.
- 젠슨 황(엔비디아 CEO)

도시를 똑똑하게 만드는
스마트시티 기술들

▌ 4차 산업혁명과 스마트시티

앞서 각 산업혁명 때마다 그 산업과 기술을 기반으로 하는 새로운 형태의 도시들이 등장해왔음을 살펴보았다. 그렇다면 최근에 등장한 4차 산업혁명에 대응하는 새로운 도시는 어떤 것이 있을까?

20세기 말부터 등장한 여러 도시이론들 중에서 데이터, 네트워크, 인공지능을 기반으로 해 등장한 이론은 '스마트시티'라는 개념이 대표적이다. 스마트시티는 여러 가지 정의와 기술로 표현되고 있기는 하지만, 공통적인 내용은 발전된 IT 기술을 기반으로 도시가 가지고 있는 여러 문제들을 해결하는 미래도시를 의미한다.

한국의 경우 스마트시티라는 개념 이전에 '유비쿼터스 시티 (Ubiquitous City)'라는 명칭으로 2000년대 중반부터 시작되었다. '스마트시티(Smart City)'라는 명칭으로 불리기 시작한 것은 얼마 되지 않았다.

한국의 경우 스마트시티는 법제도에서 그 정의를 내리고 있는데, 2017년 12월 26일 '유비쿼터스 도시의 건설 등에 관한 법률'을 개정해 '스마트도시 조성 및 산업진흥 등에 관한 법률(약칭 스마트도시법)'을 만들면서 그 정의를 새롭게 내리고 있다. 이 법 제2조에 따르면, 스마트도시란 '도시의 경쟁력과 삶의 질의 향상을 위해 건설·정보통신기술 등을 융·복합해 건설된 도시기반시설을 바탕으로 다양한 도시서비스를 제공하는 지속 가능한 도시'를 말하고 있다. 다소 포괄적으로 기술되어 있는 이 법상의 정의를 보면 스마트시티가 건설기술과 정보통신기술 등을 융복합해 건설되었으며, 이를 기반으로 다양한 도시서비스를 제공하는 구조를 가져야 하며, 또한 지속 가능성에 대한 목표를 가지고 있음을 알 수 있다. 정보통신기술과 도시서비스를 제공한다는 측면에서 이 스마트시티가 4차 산업혁명의 내용과 부합하고 있다는 것을 알 수 있다.

세계의 스마트시티 동향

최근 전 세계적인 디지털 트랜스포메이션(Digital Transformation) 유행은 도시 분야에서도 마찬가지여서 전 세계적으로 디지털 기술을 기반으로 하는 스마트시티 열풍이 불고 있다고 해도 과언이 아니다. 전 세계의 다양한 국가와 도시들이 스마트시티 산업과 기술개발을 진행하고 있는데, 이들 국가와 도시들이 다양하기 때문에 스마트시티의 양상도 매우 다양하게 나타난다. 그렇기 때문에 필자 또한 "무엇이 스마트시티일까"라는 질문을 계속 받고 있지만, 딱히 답변하기가 쉽지 않은 것도 사실이다.

유럽의 많은 도시들은 오래된 도시들이 많기 때문에 인프라나 편의시설이 노후화되어 있어서 IT 기술도 이러한 인프라나 편의시설을 보완하기 위해 활용되는 경우가 많다. 또한 아시아나 중앙아메리카의 많은 개발도상국가들은 새로운 도시를 개발하는 경우가 많은데, 이들 국가들이 새로운 도시를 개발할 때 현재 있는 도시가 아니

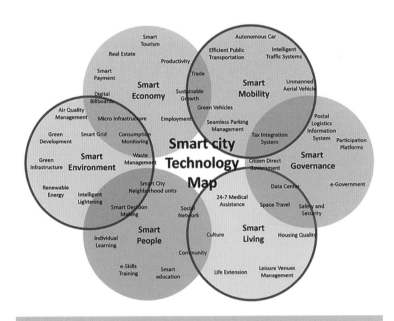

스마트시티 기술 맵　　　　　　　　　　출처: 서울대학교 도시설계연구실

라 보통 미래의 첨단도시형태로 개발하는 경우가 많다. 이처럼 대륙별로, 국가별로 처한 상황이 다르기 때문에 스마트시티의 경향도 다양하다.

KDB미래전략연구소의 스마트시티 글로벌 동향 보고서(2022년)에 따르면, 중국·인도 등 신흥국에서 도시경쟁력 강화를 위한 스마트시티 사업이 빠르게 확장되어 글로벌 스마트시티 시장이 향후 10~20년간 가파른 성장세를 유지할 것이며, 글로벌 스마트시티 인프라 시장이 오는 2026년 8,737억 달러 규모에 달할 것으로 조사되었다. 또한 싱가포르·뉴욕 등 세계 주요 도시는 인구 과밀로 인한 인프라 부족, 공해 등 문제를 겪고 있어 생활 편의성과 안전성 향상, 환경문제 개선이 주요 사업 목표가 될 것으로 분석되었으며, 도시문제 해결과 경쟁력 향상을 위한 스마트시티사업을 중심으로 추진할 것으로 예상하고 있고, 온실가스 문제 등으로 환경 관련 사업의 중요성도 증가할 것으로 전망하고 있다.

▌한국의 스마트시티 동향

한국은 1960년대 이후 고도성장기를 거치면서 도시건설의 경험을 축적했다. 고도성장기를 견인했던 산업단지의 배후도시로서 창원·구미·안산 같은 신도시들을 건설했고, 수도권에 인구가 집중되면서 분당·일산·동탄 같은 수도권 신도시들도 건설했다. 또한 한국전쟁 이후 파괴된 많은 도시들을 재개발하는 과정도 거쳤는데, 신도시나 기존도시의 재개발이나 모두 단기간에 이렇게 많은 도시개발의 경험을 가지는 국가는 전 세계적으로도 많지 않다.

한편 이렇게 축적된 도시개발 기술과 경험은 이후 해외 신도시개발 시장 진출에도 활용되기 시작해 1970년대 중동의 인프라 건설 붐에 이어 해외 신도시 건설 붐으로 이어졌다. 2000년대 들어서면서부터는 인프라나 도시건설에 있어서 후발주자였던 중국 등의 견제가 심해지면서 새로운 방향을 모색하기 시작했다. 이때 등장한 아이디어가 당시 삼성을 비롯해서 발전해 있던 IT산업과 도시개발산업을 결합해 해외 시장에서 경쟁력을 갖추자는 것이었다. 이렇게 시작된 것이 현재 많이 알려진 스마트시티의 전신이었던 유비쿼터스 시티였다.

유비쿼터스 시티는 줄여서 U-city라고 표기되었는데, 위의 목표를 위해 한국에서 진행되었다. 이 당시 유비쿼터스 시티는 도시를 운영하는 데이터나 콘텐츠보다는 도시기반시설을 조성하는 데 집중되어 있어서 최근 진행되고 있는 스마트시티와는 차이가 있었다. 도시 인프라, 기반시설 등 물리적 시설에 집중하고 있었기 때문에 정작 도시문제가 많은 기존 도시에 적용하기보다 인프라를 새로 건설해야 하는 신도시에 적용하는 방식으로 진행되었다는 측면에서 특징이 있었다.

사실 이러한 특징은 유비쿼터스 시티 정책지원의 태동에 그 원인이 있었는데, 앞서 살펴본 것처럼 이 정책은 해외의 도시건설 시장 진출이 목표였기 때문에 당연하게도 신도시 건설에 적용되는 초기 인프라 건설을 첨단 기술을 결합한 형태의 인프라로 건설하는 기술에 집중하게 되었다. 도시에 건설되는 인프라의 유형이 다양하기 때문에 행정·교통·복지·환경·방재 등의 인프라들에 대해 모두 'U'를 붙이는 다소 어색한 네이밍이 이루어졌는데, 이를테면 u-행정, u-교통 등과 같은 방식이었다. 이름이 어색하니, 지금은 어느 누구도 이 네이밍을 사용하지 않는다. 지금은 이 'U'는 모두 '스마트'로 대체되었다.

유비쿼터스 시티의 뒤를 이은 스마트시티에 이르러서야 드디어 사람들의 관심을 받기 시작했다. 아마 유비쿼터스라는 이름보다 스마트라는 이름이 스마트폰과 같은 용어를 접하면서 이질감이 없었던 이유도 있지만, 세월이 지나가면서 WiFi·LTE·5G와 같은 네트워크 기술이 발전하고 기하급수적으로 도시데이터 저장량이 늘어나면서 비로소 도시의 데이터를 활용한 도시서비스가 가능해졌기 때문

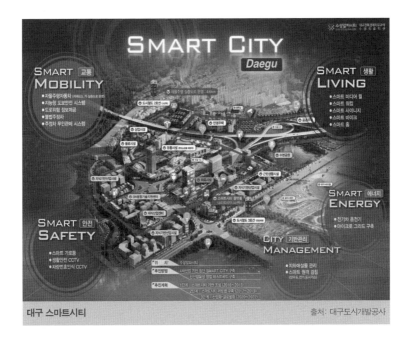

대구 스마트시티   출처: 대구도시개발공사

부산 에코델타 스마트시티의 세물머리 지역　　　　　　　　　출처: SK에코플랜트

으로 볼 수도 있다.

　한국의 스마트시티는 2018년부터 본격적으로 유비쿼터스라는 명칭에서 벗어나기 시작했는데, 국토교통부와 과학기술정보통신부가 정부의 혁신성장 8대 핵심 선도사업 중 하나로 선정하면서 시작되었다. 실증도시도 신도시보다는 기존의 도시들이 선정되었는데, 대구광역시와 경기도 시흥시가 선정되어 도시가 가지고 있는 데이터들을 도시 데이터허브에 저장하고 대시민 서비스를 제공하는 것을 목표로 했다. 대구광역시는 도시문제해결형 실증도시로 교통·안전·도시행정 분야의 서비스를 개발하는 것을 목표로 하며 SK텔레콤, 한국교통연구원, 한국토지주택공사 등이 참여했다. 시흥시는 비즈니스창출형 실증도시로 환경·에너지·생활복지 분야의 서비스를 개

인천시 송도 스마트시티　　　　　　　　　　　　　　출처: Trip.com

서울시 S-map　　　　　　　　　　　　　　　　　　출처: 서울특별시

발하고 이를 비즈니스화하는 것을 목표로 하며 KT, 한국전력공사, 서울대학교 차세대융합기술원 등이 참여했다.

이러한 대표 실증도시 이외에도 여러 도시들이 선정되었는데, 신도시로는 한국토지주택공사에서 진행하고 있는 세종시의 '5-1생활권'이 선정되었고, K-water에서 진행하고 있는 부산 에코델타시티의 세물머리 주변도 시범도시로 선정되었다. 뿐만 아니라 전국의 여러 도시들을 '스마트시티 챌린지사업'이라는 정부지원사업 형태로 공모를 통해 선정해 지원금을 주고, 그 도시에서 가지고 있는 대표적인 문제들을 데이터 기술을 활용해 해결하는 방식의 사업을 진행했다.

사실 해외에 많이 알려진 한국의 스마트시티는 송도와 서울을 들수 있는데, 다만 정부의 지원이 없어서 정부차원의 보고서나 자료에는 빠져 있는 것을 확인할 수 있다. 그렇지만 송도는 미국 게일사가 도시개발에 참여하면서 시스코(Cisco)가 도시의 정보통신 인프라 건설에 참여하고 도시의 여러 데이터들을 한곳에 모으는 도시통합 정보센터가 운영되었다. 또한 도시의 디자인적인 측면 또한 무시할 수 없었는데, 미래지향적인 도시디자인을 적용하면서 송도는 전 세계에 스마트시티 시범도시로 많이 소개되었다. 또한 서울시의 경우 전자정부와 버스환승시스템이 해외에 많이 알려졌는데, 최근에는 S-dot, S-map과 같은 데이터 플랫폼을 구축하고, 서울시 전체를 디지털트윈화하기도 했다.

정부가 2018년부터 2022년까지 약 1,159억 원에 해당하는 연구개발비도 지원했고, 이외에도 여러 신도시들이 스마트시티 기술을 적용해 조성되거나 스마트시티 기술을 활용해 도시를 재생하는 방식을 적용하면서 해외에도 한국이 스마트시티 분야의 선도국가로 이해되고 있다. 여러 국제콘퍼런스에서 한국의 사례들이 소개되고 있고, 인도네시아 신행정수도 등 해외의 신도시 개발에서 한국의 스마트시티 모델을 도입하고자 한다는 것은 주목할 만하다.

스마트시티와 가상현실

스마트시티 분야는 크게 데이터, 네트워크, 인공지능 등 IT 기술과 도시공간의 연결을 핵심적인 기술요소로 이해할 수 있다. 그렇기 때문에 도시공간의 디지털화(Digital Transformation), 디지털트윈, 메타버스, 가상현실 개념은 스마트시티를 구현하는 과정에서 필수적인 요소 중 하나로 이해될 수 있다.

앞서 살펴본 국내외 스마트시티 사례에서 싱가포르·서울과 같은 국가들이 디지털트윈을 구축하고 이 가상세계에 도시에서 취합되는 다양한 데이터들을 구축·표현하는 것은 이러한 경향 중 선도적인 예시를 보여준다. 스마트시티에서 사용되는 가상현실 기술과 디지털트윈 기술은 도시의 데이터를 구축해서 모니터링하는 데에도 사용되지만 시민들의 참여와 이해를 지원하기 위해서도 중요한 요소라고 할 수 있다.

이처럼 스마트시티에서 논의되는 가상현실 기술에 있어서 중요한 부분은 '현실세계와 가상세계의 연결'에 있다. 가상세계를 만들거나 혹은 가상세계에서 여러 서비스를 구현하는 것이 일반적인 가상현실 분야에서 폭넓게 논의되는 주제라고 한다면, 스마트시티는 결국 현실세계의 문제들을 해결하는 것이 목표이기 때문에 가상세계와 현실세계를 연결하는 기술이 중요한 목표가 된다. 이렇게 가상세계와 현실세계를 연결하는 기술로는 '디지털 기술, 네트워크 기술, 인공지능 기술'을 들 수 있다.

D.N.A.(Data, Network, Artificial Intelligence) 기술들

데이터(디지털 기술)

가상도시와 현실도시를 연결하는 데 있어서 첫 번째 중요한 기술은 '디지털 기술'이다. 현실세계는 아날로그로 구현되어 있지만, 이를 투사시킨 가상공간은 디지털 기술로 구현되어 있기 때문에 이 둘을 연결하기 위해서는 한쪽을 다른 한쪽과 동일한 구조로 코딩해야 한다.

가상도시를 현실도시로 만드는 것은 비용이나 기술적인 측면에서 가능할지 검증조차 안 되어 있기 때문에 아직까지는 현실도시를 가상도시로 만드는 기술이 가능한 대안이다. 그래서 나오는 개념이

'디지털 트랜스포메이션(Digital Transformation)'이다. 이는 현실세계의 아날로그 정보들을 디지털화하는 것을 의미하는데, 디지털화함으로써 컴퓨팅 기술을 활용한 관리와 모니터링, 예측이 가능하도록 전환하는 것을 의미한다.

디지털 트랜스포메이션은 DX라고 불리기도 하는데, 이는 현실세계의 거의 모든 것을 디지털화한다는 것을 의미한다. 원래 디지털 트랜스포메이션을 하게 된 계기는 이를 통해 효율(efficiency), 가치(value), 혁신(innovation)을 가능하게 하기 위한 경영 전략에서 등장하게 되었다. 그도 그럴 것이 회사를 경영하는 과정에 있어서 보다 효율성 있게 새로운 가치를 창출하고 이를 통해 기업을 혁신하기 위한 방안을 끊임없이 모색하게 되는데, 이 과정에서 디지털화라는 것이 이러한 것들을 가능하게 하는 도구라는 관점은 매우 설득력 있게 다가왔다.

이보다 앞서서 디지털화(Digitization)는 아날로그를 디지털로 변화하는 것을 의미하는 단어로 먼저 등장했다. 당시의 디지털은 우리가 많이 사용하는 이미지 스캐너나 MP3/CD 같은 디지털 오디오 레코딩 기술이었다.

1990년대에 들어서면서 등장한 인터넷은 디지털 기술의 비약적인 발전을 이끌어낸 주역이었는데, 인터넷을 통해 이동할 수 있는 것은 0과 1로 구성된 디지털신호였기 때문에 인터넷의 등장과 발전은 결국 모든 분야에서의 디지털 전환을 이끌어냈다. 영화·음악·출판 등 거의 모든 영역에서 아날로그 소스들은 디지털로 전환되기 시작했고, 이렇게 구축된 디지털 기술은 기업의 혁신과 구조도 새롭게 바꾸기 시작했다.

　이러한 변화를 가장 드라마틱하게 보여주는 것은 닷컴 기업들의 부상이었다. 우리가 앞서 살펴보았듯이 FAANG과 같은 기업들은 모두 디지털 기술을 바탕으로 하고 있는 기업들이며, 기존의 제조업 기반 기업들을 압도하고 있다. 이들 기업들이 실제 아날로그 세상에서 뭔가 만들어내는 것이 아니기 때문에 기존의 제조업 기업들보다 못하다고 할 수 있을까? 그렇지 않다는 것은 매년 발표되고 있는 기업가치 보고서를 보면 알 수 있다.

　급기야는 기존의 아날로그 기업들, 전통적인 제조업 기업들도 디지털 기술을 받아들이기 시작했는데, 이른바 '스마트팩토리'다. 스마트팩토리는 기존의 전통적인 제조업 공장에 설계 및 개발, 제조 및 유통과 같은 생산, 그리고 유통과정에서 디지털 자동화 솔루션이 결합된 정보통신기술(ICT)을 적용해 생산성·품질·고객만족도를 향상시키는 공장을 의미한다. 공장 내에 설비와 기계에 사물인터넷(IoT)을 설치해서 모니터링하고, 관리하고, 공정데이터를 실시간으로 수집하며 이를 분석해서 스스로 제어할 수 있게 만드는 미래형 공장을 의미한다.

　한국도 전통적으로 제조업을 기반으로 경제성장을 해왔기 때문에 미국과 동일한 문제를 안고 있다. 많은 제조업 공장들이 생산성 저하와 인건비 상승의 문제를 안고 있으며, 그렇기 때문에 해외 진출을 모색하기도 하고 망하기도 하면서 리쇼어링(다시 본국으로 회귀)을 시도하고 있기도 한데, 해결책으로 등장한 것이 스마트산단(스마트팩토리)이다.

스마트팩토리　　　　　　　　　　　　　　　　　출처: 현대자동차그룹

　최근 현대자동차는 스마트팩토리를 활용한 미래 자동차 생산과정을 공개한 적이 있다. 점차 내연기관이 사라지고 전기차로 대체되고 있기 때문에 의외로 생산공정은 간단해지고 있다. 따라서 자동차 제조과정에서 사람·로봇·인공지능이 협력해 공장 전체가 마치 하나의 인격체처럼 작동하며, 빅데이터를 기반으로 소비자의 선택을 예측하고 수요에 맞게 다양한 디자인의 차종생산이 가능하도록 하는 것이다.

　디지털 트랜스포메이션의 미래는 밝다. 아마 앞으로 현실세계의 거의 전 분야가 디지털세계 속으로 들어갈 때까지 무궁무진한 기술개발과 변화를 이끌어낼 것으로 예상된다.

▌네트워크 기술

가상도시와 현실도시를 연결하는 두 번째 기술은 '네트워크 기술'이다. 앞선 디지털 기술이 현실세계의 여러 데이터들을 디지털화했다면, 네트워크 기술은 이 디지털화된 기술을 한곳으로 모으고 가공·분석해 다시 원하는 곳에 분산·배분하는 것을 담당하게 된다.

도시에서 생성되는 데이터의 양이 점차 방대해지고 있기 때문에 이러한 네트워크도 점차 빨라져야 하고 대용량이 필요하게 되었다. 도시에 사람이 더 많이 사는 것도 아닌데 왜 데이터들이 더 많아지게 되었을까?

첫째로는 디지털데이터를 수집하는 입력장치들이 늘어났기 때문이다. 이러한 입력장치들은 도시를 뒤덮은 CCTV 영상이나 공공에서 공급하는 전기·상하수도·대중교통 운행정보 등 공공데이터들을 급속하게 증가시켰고, 칩이 박혀 있는 신용카드나 교통카드, 자율주행 차량에서 수집하는 데이터와 같은 민간데이터들도 급격하게 증가시켰다. 이들은 각각의 데이터들도 증가했지만, 이들 데이터들이 모두 도시 내에서 공간정보를 포함해 기록되어야 효용이 있기 때문에 공간정보 데이터도 포함하게 된다. 예를 들어 이전의 신용카드 데이터는 내가 아이스크림을 사 먹은 것만 기록되지만, 이제는 어디서 몇 시에 사 먹은 것까지 기록되는 식이다.

둘째로는 디지털데이터가 1차원 디지털데이터에서 2차원 도시정보에 이어 3차원 공간정보까지 기록하기 시작했기 때문이다. 예를 들자면 예전에는 내가 ○○편의점에서 아이스크림을 사 먹은 것이

네트워크 기술   출처: 어도비 스톡

기록되지만, 이어서 ○○동 ○○길 변에 있는 ○○편의점에서 사 먹
은 것이 기록되고, 더 나아가서는 어느 건물의 몇 층에 있는 편의점
에서 사 먹은 것까지 기록되는 식이다. 즉 데이터의 양은 기하급수
적으로 늘어나게 되는데, 3차원 도시공간상에서 나의 이동, 생활데
이터들이 모두 기록되는 식이라고 할 수 있다.

이런 2가지 이유로 도시의 데이터 용량이 급격히 늘어나게 되었
기 때문에 이를 효과적으로 전송하기 위한 네트워크 기술은 도시 가
상현실을 구축하는 데 필수적인 요소가 되었다.

그렇기 때문에 2000년대 초반 3G 당시에는 이러한 가상현실이
나 도시 디지털트윈은 흉내만 내는 수준이었다. 이후 LTE, 5G, 공공
WiFi가 등장하고 나서야 어느 정도 실현 가능성에 대해 고민해볼

수 있는 수준이 되었다. 그렇지만 여전히 속도의 문제도 있고, '기지국 설치방식'이라고 하는 절대 지속 가능하지 않은 설치방식의 문제도 있다.

그렇기 때문에 6G에서는 인공위성을 통한 네트워크 실현을 목표로 하고 있으며, 일론 머스크가 스타링크(Starlink) 서비스를 구축하고 있는 이유이기도 하다. 지구 어디에서나 통일된 빠른 네트워크 플랫폼이 구축되는 것을 의미한다.

그렇다면 이렇게 빠르게 모인 방대한 양의 데이터는 어떻게 도시 가상현실을 만드는 데 활용할 수 있을까? 여기에서 인공지능의 필요성이 등장한다.

▌인공지능

2016년 3월 13일은 인류 역사에 기록되어 길이길이 기억에 남을 날이 될 것이다. 이 날은 전직 바둑기사 이세돌이 구글의 알파고(AlphaGo)와 진행한 5회의 딥마인드 챌린지 매치(Google Deepmind Challenge match)에서 승리한 날이다. 당시에는 드디어 사람이 컴퓨터 인공지능에게 자리를 내주게 되었다느니, 어떻게 사람이 바둑에서 인공지능에게 질 수 있는가 하면서 언론에서 시끄럽게 떠들었다. 그렇지만 아마 2016년 3월 13일은 인류가 마지막으로 인공지능에게 이긴(바둑에 한정되기는 하지만) 날로 기억될 것이다.

이처럼 전 세계가 호들갑을 떨었던 2016년의 행사이지만, 이 행사가 있고 나서 수년이 지난 현재에는 인공지능 분야에서 많은 변

UN 정기회의에서 발언하는 소피아 　　　　　　　　출처: UN 유튜브 영상 캡처

화가 있었다. 실제 인공지능 로봇 소피아(Sophia)가 UN 경제사회이
사회(ECOSOC) 정기회의에서 발언권을 얻어서 아미나 모하메드 유
엔 사무부총장의 질문들에 답변을 이어가는가 하면, 모하메드 부총
장이 진행한 다소 도발적인 질문인 "인공지능이 인류보다 나은 게
뭐냐"에 대해 "인간이 본능적으로 깨닫는 사회적이고 정서적인 지
능들을 이제 겨우 이해하는 수준"이라고 답하는 겸손함까지 보여
주었다.

　AI를 이용한 번역, 안면인식, 자율주행, 단백질구조연구까지 등장
했다. MS가 개발해 독점 라이선스를 획득한 GPT-3는 AI연구소 오
픈 AI(Open AI)가 개발한 자연어 처리 AI 모델인데, 스스로 익힌 코
딩으로 앱을 개발하거나 시와 문학작품을 써내는 등 거의 인간처럼
스스로 학습하는 성능을 획기적으로 향상시켰다.

　2020년 9월에는 GPT-3가 영국 일간지인 《가디언》에 '스티븐 호
킹이 경고한 것처럼 AI는 인간을 파괴할 것이 아니다. 믿어달라'라

인공지능 기술   출처: LG전자

는 칼럼을 썼는데, 정말 놀라운 관심의 대상이 되었다. 한국에서도
인공지능은 어느덧 우리의 일상 속으로 깊이 다가왔고, 2022년 있
었던 대통령 선거에는 인공지능 후보들이 공약을 발표하는 상황까
지 등장했다.

　　그렇다면 이러한 인공지능은 미래의 도시를 만들어가는 데 어떤
역할을 할 것이며, 어디에 활용될 것인가? 앞서 살펴본 바와 같이 인
공지능은 방대한 데이터를 반복학습해 이를 통해 데이터를 분석하
고 앞으로의 예측치를 제시하는 데는 굉장히 효율적인 모습을 보여
주었다. 그렇기 때문에 인공지능은 바둑과 같이 비슷한 패턴의 틀에
서 도출되는 수많은 경우의 수를 빠르게 분석·예측할 수 있었던 것
이다.

　　그런데 바둑이라는 것이 무엇인가? 집을 만들어서 나의 공간적인
지배력을 높이고 상대방의 공간적인 진출을 막는 구조다. 이는 도시
를 만드는 것과 매우 유사한 구조를 가지고 있다. 앞서 빅데이터와

네트워크 기술을 통해서 확보되는 수많은 도시데이터들은 필수적으로 이를 분석해 추세를 예측하고 방향성을 도출하기 위한 기술이 필요하며, 이러한 측면에서 인공지능 기술은 미래도시를 구현하는 데 필수적인 세 번째 기술이 된다.

　도시를 가상공간에 구현한다고 했을 때 수많은 건축물과 토목구조물과 공공시설들은 인간이 하나하나 구현할 수는 없으며, 굳이 그럴 필요도 없다. 인공지능을 통해 자동적으로 구현되는 모듈은 현재도 게임엔진들에서 활용하고 있으며, 이러한 방식의 확장버전이 앞으로 도시 가상공간을 만드는 데 활용될 것이다.

디지털트윈 기술

▌디지털트윈

스마트시티 개발에 있어서 핵심적인 요소 중 하나는 데이터, 네트워크, 인공지능을 이용해서 현실세계의 도시와 동일한 형태의 가상도시를 구성하고 이 가상도시모델을 통해서 교통량, 환경오염, 화재 등 여러 도시현상을 모니터링하고 문제해결책을 도출하는 시스템이 있는데 이는 '디지털트윈(Digital Twin)'이라는 명칭으로 불린다.

이 디지털트윈은 원래 미국 제너럴 일렉트릭(GE, General Electric)이 주창한 개념이다. 컴퓨터에 현실에 있는 사물 혹은 공간의 복제품을 만들고, 현실에서 일어날 수 있는 상황을 컴퓨터로 시뮬레이션함으로써 결과를 미리 예측하는 기술을 의미한다.

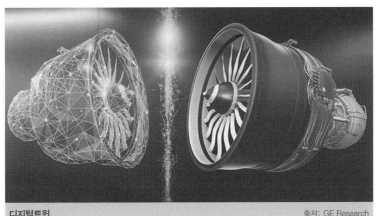

디지털트윈   출처: GE Research

　디지털트윈 기술은 제조업뿐만 아니라 다양한 문제를 해결할 수 있는 기술로 주목받는다. 디지털트윈은 현실세계와 연동해 현실세계의 데이터를 가상으로 만들어진 복제공간과 연동시켜서 그 문제를 해결하는 구조이기 때문에 스마트시티 기술개발과 산업에 있어서도 중요한 요소로 인식되었다. 이 디지털트윈은 도시공간의 측면에서 보면 현실세계와 동일한 복제품을 가상세계에 만드는 것이기 때문에 가상현실 기술과 연결된다.

　디지털트윈은 미래도시를 구상하는 데 있어서 항상 등장하는 중요한 요소다. 특히 스마트시티, 메타버스, 가상현실, 디지털 트랜스포메이션을 언급하는 데 있어서 거의 항상 빠짐없이 등장하는 개념이며, 전 세계의 많은 정부와 빅테크 기업들이 이를 실현시키기 위한 시도를 하고 있다.

　원래 개념은 도시에만 적용된 것은 아니며, 컴퓨터에 현실에 있는 대상의 쌍둥이(Twin)를 구축해 이를 통해 현실의 문제를 미리 검토

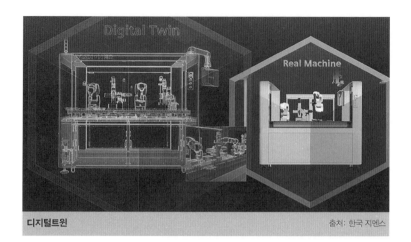

디지털트윈   출처: 한국 지멘스

하거나 시뮬레이션하고 예측하는 기술을 의미한다. 그렇기 때문에 디지털트윈 기술은 제조업이나 생물학에서도 매우 중요한 개념으로 다루어지고 있으며 스마트팩토리, 가상제조의 개념적 배경이 되기도 한다.

영화에서 유전공학 실험을 하기 전에 유전자 배열을 적용시켜본 뒤 안정적(stable)인지 불안정한지(unstable)를 컴퓨터로 시뮬레이션해보고 실제 약물을 투입하는 모습은 이러한 디지털트윈을 보여주는 사례라고 할 수 있다. 그것이 단순히 염기배열만 보여주느냐, 혹은 실험용 쥐의 시뮬레이션된 모습을 보여주느냐는 3차원 그래픽 기술이 적용되었느냐의 문제이지 본질은 같다.

그렇다면 미래도시를 만드는 데 디지털트윈 기술이 주목받는 이유는 무엇일까? 첫째는 비용·시간·공간 문제 때문이다. 전자제품이나 화학제품의 경우 크기가 크지 않기 때문에 실제 시제품(mock up)을 만들어보고 그 효과를 검증해볼 수 있지만, 대규모 도시의 경우

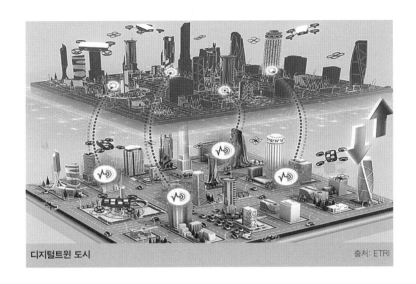

디지털트윈 도시   출처: ETRI

시제품의 개념으로 만들기에는 공간적·시간적·경제적으로 너무 많은 비용이 소요되는 문제가 발생한다. 예를 들어 30만 명이 거주하는 신도시를 실험용으로 만들 수 있겠는가?

실제로 이런 도전적인 행위를 진행한 해외 기업들이 가끔 중남미나 화성 같은 곳에 실현하겠다는 뉴스들이 등장하기는 하지만, 문제는 공간문제와 비용문제를 해결한다고 해도 시간적인 문제를 해결하기에는 한계가 있다. 건설하고 실제 거주하면서 데이터들이 취합되는 데 10년 이상 소요될 텐데, 그렇게 되면 문제를 해결하는 데 이미 늦게 된다. 또한 이미 만들었는데, 이 부분이 잘못되었다고 해서 다시 만드는 데 또 막대한 비용과 시간이 투입되게 된다. 그렇기 때문에 도시를 만드는 데 있어서는 이러한 가상의 공간에 도시를 만들어보고 이를 시뮬레이션하고 문제를 모니터링하는 기술이 더욱 필요해진다. 이는 디지털트윈 기술이 미래도시에 있어서 각광받는 이유 중 하나다.

두 번째로 디지털트윈 기술이 각광받는 이유는 우리가 사는 도시가 디지털화되고 있기 때문이다. 컴퓨터를 이용해 보다 시민들에게 편리한 서비스를 제공하기 위해 많은 아날로그 시대의 서비스와 정보들이 디지털정보로 전환되고 있고, 네트워크를 통해 이동하고 있는 상황이기 때문에 현실세계를 디지털트윈으로 만드는 것이 현실적으로 가능해진 것이다.

이전에는 건축물의 높이나 노후도, 밀도, 도로폭과 세부설계, 교량의 위치와 제방의 규모, 상하수도의 용량과 매설위치, 교통, 물류 이동, 미세먼지와 일조량, 시민들이 카드를 어디서 사용하는지까지 수많은 도시에서 만들어지는 데이터들이 디지털형태로 생성되고 저장되고 있다. 따라서 이러한 데이터들의 토대, 공간적 플랫폼이 될 수 있는 디지털트윈 도시는 디지털화되어가고 있는 미래도시에 있어서는 필수적인 선택지로 보인다.

▌대표적인 디지털국가, 싱가포르

세계의 많은 스마트시티 중에 대표적으로 소개되는 사례가 싱가포르다. 싱가포르의 경우 여러 스마트시티 기술 중에서 가상현실 기술을 활용하고 있다는 점에서 주목할 만하다. 싱가포르에서 사용하는 가상현실 기술은 '버추얼싱가포르(Virtual Singapore)'라는 이름으로 알려져 있는데, 싱가포르의 도시 전체를 가상공간에 그대로 구현해놓는 방식으로 가상현실 기술을 활용하고 있다.

뿐만 아니라 싱가포르는 도시국가형태이기 때문에 결국 싱가포르가 구축한 모델은 디지털도시(Digital City)를 넘어서서 디지털국가(Digital Nation)를 의미한다. 이 버추얼싱가포르는 현실세계와 가상세계가 동일하게 구현되는 디지털트윈 형태로 구현되어 있는데, 현실세계와 가상세계가 복제되어 있기 때문에 현실세계에서 나타나는 다양한 도시현상을 모니터링하고 도시계획이나 정책적인 대응책을 시뮬레이션하는 데 활용하고 있다.

싱가포르가 구축한 모델은 디지털트윈이라는 개념이 도시 분야에서 활용되기 시작한 초기에 등장했던 모델이었기 때문에 많은 관심의 대상이 되었다. 이 모델은 프랑스 기업인 다쏘(Dassault)가 카티아(Catia) 프로그램을 활용해 개발한 것으로 알려져 있다.

싱가포르의 경우 도시국가이기 때문에 도시관리가 국가의 경쟁력 확보에 중요한 수단이다. 국가의 중요한 산업이 교육과 금융인 만큼 전 세계 최고의 엘리트를 유치하기 위한, 그에 걸맞는 도시공간을 조성하는 것이 국가적인 목표이기도 하다. 그래서 싱가포르를 방문할 때마다 새로 만들어지고 있는 건축물과 도시공간을 볼 수 있는데, 마리나베이 샌즈와 같은 수변공간은 싱가포르의 도시경쟁력을 보여주는 대표적인 사례다.

싱가포르에서 개발한 버추얼싱가포르는 이러한 도시공간을 그대로 컴퓨터상의 가상공간에서 구현하고 있는 것을 확인할 수 있으며, 교통량, 부동산가격, 화재 등 실제 도시공간에서 나타나는 여러 가지 정보들을 가상공간에서 확인할 수 있는 서비스가 제안되고 있다. 이러한 과정을 통해서 도시의 데이터들이 축적되고, 도시에서 발생하는 문제들을 해결하는 데 활용하고 있는데, 이처럼 가상도시모델, 일명 '디지털트윈도시'라는 개념은 스마트시티의 개발에 있어서 중요한 수단으로 활용되고 있다.

싱가포르는 1981년부터 도시행정에 ICT 기술을 접목하는 시도를 해왔다. 이후 디지털트윈의 기술을 도입하기 시작한 것은 2014년 리셴룽 총리가 국가핵심사업으로 '스마트네이션(Smart Nation)'을 선정하면서 디지털 트랜스포메이션, 스마트시티로 적극적인 추진을 했다. 이를 위해 총리실 산하에 스마트시티 추진을 위해 설립한 '스마트네이션 오피스'를 두고 각 부처를 상위에서 관리함으로써 전략적으로 추진할 수 있었다. 이 과정에서 싱가포르는 '버추얼싱가포르'라는 이름의 '디지털트윈'을 구축하기 시작했다. 디지털트윈 기술을 이용해서 싱가포르 전체를 3D로 구현한 것이다.

사실 싱가포르는 도시국가이기는 하지만 도시적으로는 그다지 주목받지 못하던 국가였다. 역사적 자산이 많이 있는 것도 아니었고, 교역과 금융을 중심으로 성장하는 국가이기 때문에 도시경제를 유지할 산업여건이 충실하게 갖춰진 것도 아닌 도시였기 때문이었다. 그렇지만 이러한 디지털트윈 개발은 싱가포르를 전 세계에서 주목하는 도시로 변화시켰다. 가상도시를 통해서 주택가격, 에너지흐름, 교통량, 사회기반시설을 확인하고 문제가 생겼을 때 모니터링 할 수 있도록 한 것이었는데, 이러한 플랫폼 구축을 통해 그 이후에 개발되는 빅데이터, 사물인터넷(IoT), 인공지능을 결합할 수 있게 되었다.

▌서울시의 디지털트윈인 S-map

한국은 스마트시티 분야에서는 해외의 어느 나라보다도 이미 우수한 경쟁력을 갖추고 있다. 그동안 정부의 많은 연구개발 투자가 있었던 이유도 있지만, 해방 이후 축적된 LH와 같은 공공기업의 도시개발 경험, 삼성과 SK하이닉스와 같은 반도체 회사들, LG·SK·KT와 같은 IT기업들, 한국전력공사나 한국수자원공사와 같은 기반시설 관리 공공기업, 그리고 치열한 경쟁을 통해 살아남은 건설사들이 첨단기술을 건설기술과 결합하는 시도를 끊임없이 해왔기 때문이기도 하다.

그렇기 때문에 한국의 스마트시티들은 해외에도 많이 소개되어 있는데, 그중 대표적인 사례는 서울과 인천의 송도를 들 수 있다. 그중 서울은 단연 앞서가는 사례로 소개되고 있는데, 최근 서울에도 디지털트윈이 구축되었다.

싱가포르의 버추얼싱가포르와 비슷한 방식으로 3차원 서울을 구현한 서비스는 서울시의 S-map이다. 위치정보를 파악하는 지도 수준을 넘어서 서울시에서 일어나는 여러 가지 행정정보를 제공하고, 이를 VR기술을 적용해서 실제 서울을 걷는 듯한 느낌을 구현한 것

서울시 S-map　　　　　　　　　　　　　　　　　출처: 서울특별시

으로 유명하다. 또한 건축물 외부와 같이 도시 측면에서 디지털트윈을 구축한 것 이외에 약 400개의 공공건축물과 60만 동의 건축물, 시설물까지 3D로 구현해서 도시와 건축 모두에 대한 디지털트윈을 시도하고 있다.

　서울시는 2018년부터 이 S-map 사업에 착수했는데, 단순히 3차원 시뮬레이션만 하는 것이 아니라 환경재해, 교통문제 등 서울이 가지고 있는 문제들에 대한 시뮬레이션 기능을 가지고 있다는 점이 특징이다. 디지털트윈의 핵심기능이라고 할 수 있는 '현실도시와 가상도시의 실시간 연동'에 있어서는 CCTV 확인 정도만 서비스되고 있으며, 주로 도시분석용 도구나 관광을 위한 정보제공용 도구로 활용되고 있다.

　대표적인 것이 도시계획 의사결정과정에서 3차원으로 구현된 S-map을 활용해서 설계안을 시뮬레이션하면서 미래의 도시모습을 보고 도시계획을 결정해가는 점이라 할 수 있다. 이러한 도구는 전문가들끼리 암호와 같은 도면을 보면서 도시계획의 미래 방향을 결정하던 기존의 의사결정체계에서 벗어나서, 일반 시민들이 도시계획 내용을 보면서 미래도시의 모습을 예상해볼 수 있게 한다는 장점이 있다. 그렇지만 정보 공개에 따른 부동산가격 변동이나 정보 누설과 같은 문제점은 해결해야 할 과제다.

아직까지 개방형 API를 통한 민간서비스 비즈니스 모델로 확산은 활발하지 않은 것으로 보인다. 그렇지만 '유저와 플레이어들이 창의력을 발휘할 수 있는 플랫폼을 구축하는 것이 핵심'이라는 가상현실 플랫폼의 기본 개념을 이해한다면, 이처럼 폐쇄적으로 운용되는 것은 앞으로 해결해야 할 과제라 할 것이다.

▋LX의 디지털트윈국토

현실세계를 그대로 컴퓨터 가상공간에 구현하는 디지털트윈 기술이 미래의 도시에 매우 중요한 핵심요소로 인식되면서 우리나라의 정부와 공공기관도 디지털트윈 개발과 확산을 시도하고 있다. 그중에서 대표적인 것이 한국국토정보공사인 LX가 추진하는 디지털트윈, 디지털국토 구축 사업이다.

원래 LX는 한국에서 지도를 만들던 곳으로 종이지도부터 시작해서 디지털 수치지형도까지 측량해서 만드는 일을 하는 공공기관이었다. 그렇지만 현재는 디지털 수치지형도가 다 만들어져 있는 상태이고, 그다음 목표로 삼은 것이 2차원 디지털지도를 3차원 디지털화

대한민국 정부가 LX와 추진하는 디지털트윈국토
출처: LX

하겠다는 전략이었다. 3차원 디지털화를 목표로 삼았기 때문에 지상부를 3차원으로 만드는 것뿐만 아니라 지하철과 같은 지하의 구조물, 상하수도, 공동구와 같은 시설물까지 3차원으로 구축하는 것을 사업대상으로 삼고 있다.

또한 LX는 중앙정부의 기관이기 때문에 개별 도시를 디지털트윈으로 만드는 것을 넘어서서 국토 전체를 가상세계 형식으로 만드는 것을 목표로 하고 있다. 따라서 이름도 디지털트윈시티가 아니라 디지털트윈국토라는 이름을 달고 있다.

메타버스 기술

▍메타버스

최근 메타버스(Metaverse)라는 말이 일반 언론에서도 빈번하게 소개되고 있다. 원래는 상당히 개념적인 단어임에도 불구하고 이를 구현하기 위한 기술적인 내용들과 이러한 개념에서 파생되는 비즈니스 모델 및 NFT와 같은 투자 모델까지 상당히 많은 관심이 집중되고 있다. 페이스북이 회사명을 메타로 바꾸었으며, 마이크로소프트도 메타버스 게임인 마인크래프트를 개발한 모장을 인수하는 등 빅테크 기업들이 메타버스에 집중하면서 가상현실에 대한 관심이 더욱 높아지고 있다.

원래 메타버스는 '초월, 가상'을 의미하는 메타(meta)와 '세계, 우주'를 뜻하는 유니버스(universe)의 합성어로 '현실을 초월한 가상의 세계'를 의미한다. 따라서 앞서 살펴본 디지털트윈의 개념과 일부 다른 점도 있는데, 다른 점은 그것이 현실을 기반해 모사한 것인가 혹은 완전히 상상 속에 만들어질 수 있는가 정도다. 메타버스와 디지털트윈 모두 도시관점에서 바라볼 때는 현실세계가 아닌 가상세계에 구현된 공간이라는 측면에서 유사성을 가진다.

기술연구단체(ASF)는 증강현실세계, 라이프로깅세계, 거울세계, 가상세계 등 4가지로 메타버스의 개념을 설명한다. 이들을 도시관점에서 설명하면 다음과 같다.

먼저 증강현실세계의 경우 우리가 익히 알고 있는 AR기기를 이용하는 것이다. 현재까지 구현된 그래픽 기술은 2차원 화면에 투사하는 것까지는 우수한 기술을 보여주고 있지만, 이를 시각적으로 3차원 인식으로 바꿔주는 HMD(Head Mount Display)를 착용하는 순간의 이질감과 묵직한 무게감, 사람의 복합적인 시각을 완전하게 속이지 못하는 문제, 시각·청각 이외에 촉각·후각·미각을 구현하지 못함으로써 어색함을 느낄 수밖에 없다.

우리가 가상도시공간을 구축해서 VR기기를 끼우고 걸어 다닌다고 해도 이를 실제 세상처럼 느끼지 못하는 장벽이 있다. 이를 필자는 '감각의 벽'이라고 부르겠다. 그렇기 때문에 AR·MR·XR과 같은 기술들은 현실세계에 가상세계의 이미지를 투사하는 것으로 앞선 이질감들을 해소하는 기술이라 할 수 있다. 가상현실공간에 도시를 구현하는 데 있어 VR·AR·MR·XR은 필수적인 기술들이며, 웨어러블 기기 발전의 종착점은 이곳이 될 것이다.

두 번째로 라이프로깅의 경우는 자신의 삶에 대한 기록을 저장하고 공유하는 활동을 의미한다. 현재 SNS(Social Network Service)를 통해 이루어지는 많은 행위들 중 상당 부분은 자신의 신변잡기 같은 일기를 기록하는 것이며 페이스북, 인스타그램, 카카오스토리, 트위터 등이 모두 여기에 해당한다. 현실세계에서 일기처럼 정보를 남기기는 하지만, 일단 이들 플랫폼에 라이프로깅이 되는 순간 현실세계보다 훨씬 빠른 속도로 확산된다. 수많은 '좋아요'와 '퍼나르기' 기능을 통해서 순식간에 가상세계에서 내가 실제세계에서는 알지도 못하는 사람들에게까지 나의 기록이 전송되고 공유된다.

라이프로깅은 가상세계와 현실세계의 경계선에 서 있는 부분이라고 할 수 있는데, 재미있는 것은 '과연 라이프로깅되는 나와 현실세계의 나가 동일인일까' 하는 부분이다. 이른바 '부케'가 등장하는 시점인데, 내가 기록을 하고 불특정 대중들이 소비하기 때문에 이러한 부케는 가상현실 속에서 나와 비슷하지만 차이가 있는 존재라고 할 수 있다. 도시를 가상현실로 만들어서 거기에 나와 동일하게 모델링된 부케가 돌아다닐 경우 내가 전적으로 움직이거나 나의 실제세계에서의 움직임을 수많은 센서들로 추적해서 가상공간에서 동일하게 움직이게 해줄 수도 있지만, 나의 의지와는 무관하게 인공지능이 움직인다고 해도 가상세계의 도시 속에 있는 다른 캐릭터들은 그것을 인지하지 못하는 것과 같다.

이처럼 라이프로깅은 가상세계에서 또 다른 내가 존재하는 개념으로, 메타버스의 가능성을 보여주는 개념이다.

세 번째로 거울세계의 경우는 현실세계의 모습을 그대로 복제한다는 측면에서 앞서 살펴본 디지털트윈의 개념과 유사하다. 거울세계의 사례로 들고 있는 서비스 중에서 대표적인 것은 구글지도와 마인크래프트 게임을 들 수 있다. 구글지도는 현실세계의 재현임이 분명하고, 마인크래프트의 경우 창작자에 의해 완전히 새롭게 개발된 것이 아니라 실제 공간과 동일하게 만들어진 것을 대상으로 한다. 이들 모두 현실세계의 모습을 그대로 구현하고 있는 것에서는 동일한 서비스다. 이에 비해 마인크래프트의 경우는 유저들이 직접 그 가상세계 속에서 활동하고 움직인다는 측면에서 보다 확장된 버전이라 할 수 있다.

거울세계와 디지털트윈의 차이점을 굳이 찾는다면, 디지털트윈의 경우는 쌍방향이 동일한 개념이기 때문에 실제세계와 가상세계에서 일어나는 일들이 서로 영향을 준다는 점이지만, 거울세계의 경우는 한 방향으로 현실세계는 영향을 주기만 하고 가상세계는 영향을 받기만 한다는 차이점이라 할 수 있다.

네 번째로 가상세계는 현실세계의 복제인 거울세계와 달리 완전히 현실세계와 동일하거나 혹은 약간의 이미지나 스토리를 추가할 수도 있으며, 완전한 100% 가상의 세계도 가능하다는 측면에서 거울세계를 포함해 더 넓은 개념이다. 때문에 완전히 현실과는 다른 공간·시간·세계관을 가지는 세계가 가능하며, 완전히 새로운 도시와 세상에서 살 수도 있는 개념이다. 수많은 MMORPG(Massively Multiplayer Online Role-Playing Game)게임들이 이러한 가상세계 스토리를 통해 유저들을 확보하고 있다. 그렇지만 현실세계와 상당히 다른 모습을 가지고 있기 때문에 웬만해서는 유저들이 현실세계와

증강

| 증강현실
(Augmented Reality) | 라이프로깅
(Lifelogging) |

외부적
요인   내부적
요인

| 거울세계
(Mirror Worlds) | 가상세계
(Virtual Worlds) |

시뮬레이션

메타버스의 4가지 개념   출처: METAVERSE ROADMAP

혼동을 일으키지는 않는다는 점에서 게임이나 유통, 관광과 같은 비즈니스 모델이 있다.

이러한 메타버스의 4가지 개념은 사실 등장한 지는 상당히 지났지만, 코로나19를 겪으면서 많은 사람들이 가상세계의 도구들 중에 일부에 익숙해지면서 폭발적으로 확산되고 있는 추세다. 수많은 사람들이 이제 가상공간에서 세미나나 교육을 하고 업무와 쇼핑을 하고 있는 상황이라고 할 수 있다. 가상세계에서의 화폐나 자산을 현실세계의 자산으로 연동시키려고 하는 NFT와 같은 개념들도 등장하고 빅테크 기업들의 참여도 확산되고 있다. 메타버스가 현재 이슈이기는 하나 이름이 주는 새로움에 열광하기보다는 가상현실과의 관계에 집중해보자.

▌개더타운

메타버스 열풍이 불면서 수많은 기업들이 메타버스 기반 소통플랫폼을 개발하고 나섰다. 메타버스의 수익 모델을 생각해보면 일차적으로는 사람들이 모이는 장소를 빌려주고 장소를 만들거나 빌려준 비용을 받는 구조다. 이 비용을 유저들에게 직접 받는 경우도 있고, 어느 정도 유저들이 확보된다면 광고 등을 통해 간접적으로 받는 경우도 있지만, 개발자 입장에서 볼 때 파는 것은 결국 가상현실 속 공간이다.

이렇게 사람들이 가상공간에서 서로 만나는 플랫폼은 단순한 2차원이나 보다 그래픽 기능이 향상된 3차원 방식으로 조성된 사례들이 있는데, 3차원 방식으로 조성된 제페토(Zepeto), 이프랜드(Ifland), 인게이지(Engage) 등의 플랫폼은 현실감이 있기는 하지만 고성능의 그래픽카드가 필요한 점 등 때문에 확장성에 있어서는 아무래도 한계가 있다.

이에 비해 2차원 그래픽으로 만들어져서 현실감에 있어서는 한계가 있지만 가장 확장성이 큰 플랫폼 중 하나로 최근에 많이 알려진 개더타운(Gather Town)이 있다. 개더타운은 2020년 미국의 스타트업 회사인 'Gather Presence'에서 출시한 비교적 만든 지 얼마 되지 않는 플랫폼이다. 원래는 아바타를 통해 동료들과 협업할 수 있

개더타운으로 진행된 행사

출처: 유한킴벌리 그린캠프

는 기능들을 서비스하는 가상 오피스 플랫폼으로 시작했지만, 코로나19를 거치면서 화상회의 플랫폼으로 주목받게 되었다. 줌(Zoom)이나 마이크로소프트의 팀스(Teams), 시스코의 웹엑스(Webex)와 같은 일반적인 화상회의 플랫폼은 참여자의 얼굴과 회의자료가 공유되는 방식인 데 비해 개더타운은 이들이 어떤 마을에서 가상공간을 만들고 참여자의 아바타를 통해 일대일 혹은 일대다, 다대다 방식으로 미팅을 진행한다는 측면에서 공간적인 단위가 추가된 개념이라 할 수 있다.

개더타운은 화려한 3차원 그래픽이 아니기 때문에 가상공간으로서 현실감은 떨어지지만 아바타를 통해 참여한 참가자들과 소통이 가능하도록 만들어져 있으며, 2차원이기는 하지만 공간적인 구분이 있기 때문에 충분히 가상공간으로서 효용성은 있었다. 그리고 저사양 컴퓨터로도 충분히 참여할 수 있기 때문에 오히려 2차원의 그래픽이긴 하지만 참여자를 확보할 수 있는 장점도 있었다. 뿐만 아니라 저렴한 접속비와 25명까지는 무료로 제공되는 서비스 또한 값비싼 3차원 플랫폼 구축보다는 저렴하게 구축할 수 있다는 장점이 있다.

이렇게 3차원의 현실감 있는 플랫폼을 구축하는 전략 대신에 보다 쉽고 저렴한 접속을 바탕으로 2차원의 범용적인 플랫폼을 구축함으로써 개더타운은 코로나19 시기에 온라인 강의나 개강모임, 종강모임, 입사설명회 같은 대규모 행사를 진행하면서 메타버스 서비스의 확대를 견인했다.

▌제페토

개더타운이 2차원 형태의 가상공간을 확산시킨 해외 서비스였다고 한다면, 제페토(Zepeto)는 3차원 형태의 가상공간을 확산시킨 국내 서비스였다. 제페토는 네이버제트(Z)가 운영하는 서비스인데, 2018년 8월 출시되어 AR콘텐츠와 게임, SNS 기능을 담고 있어 10대를 비롯한 젊은 층을 중심으로 큰 인기를 끌었다. 2021년 기준으로 약 2억 명의 이용자를 보유하고 있는 것으로 알려져 있다.

원래 제페토는 네이버의 자회사인 카메라 앱 개발회사였던 스노우(Snow)에서 출시한 서비스였다. 스노우가 원래 가지고 있었던 기능은 셀프카메라처럼 사용자의 얼굴을 디지털화해서 그 위에 헤어스타일, 재미있는 동물의 귀·코 모양, 액세서리를 붙여주는 등 다양한 AR 기능을 서비스하는 것이었다. 이렇게 만들어진 기능이 인기

어린 시절 가지고 놀았던 종이인형 옷   출처: 티몬

를 끌게 되면서 별도의 앱으로 서비스를 출시한 것이 제페토의 시작
이었다.

스마트폰 카메라를 이용해서 사람을 촬영하면, 이것을 디지털로
분석해 3D 아바타로 만들어주는 서비스가 비즈니스 모델이었다. 사
실 비슷한 놀이를 현재 40~50대는 어렸을 때 해봤을 것이다. 종이
로 만들어진 인형옷을 인형에 입히는 놀이인데, 그것이 대상은 자
기 자신으로 변화되고, 방법은 디지털 3D로 변화된 것이라 할 수 있
다. 비슷한 서비스가 애플 아이폰의 미모지(Memoji)와 삼성 갤럭시
의 3D미모지를 통해 제페토가 안착하기 직전에 서비스되었기 때문
에 일반 이용자들에게 이러한 서비스는 이질감이 적은 상태였다.

앞선 개더타운과의 가장 큰 차이점은 아바타를 중심으로 한 서비
스로 공간보다는 참여자의 디자인과 서비스에 집중하고 있는 점이

다. 제페토는 이용자와 닮은 3차원 아바타를 만들고 실제 사진이나 가상배경에 합성해주는 방식으로 사용자들을 모았다. 또한 카메라로 처음 자신의 얼굴을 찍으면, 인공지능(AI) 기술을 통해 자동으로 사용자와 닮은 캐릭터가 생성되는 점에서 사용자의 흥미를 이끌어냈다.

제페토 1.0버전일 당시에는 AR을 이용해서 사람 캐릭터를 3차원에 넣고 이를 통해 수익을 창출하는 방식이었지만, 2019년 3월에 발표된 제페토 2.0버전은 드디어 공간의 개념이 들어가기 시작했다. 2.0버전에는 여타의 SNS처럼 친구맺기나 사진공유가 가능한 네트워크 방식이 도입되었고, 무엇보다 아바타가 활동할 수 있는 공간인 '월드'가 소개되었다. 아바타만 있던 곳에서 아바타들이 머무르는 공간, 도시가 만들어진 것이다.

월드가 만들어지면서 드디어 제페토의 활용도 급격하게 높아졌다. 사실 제페토를 지금의 제페토로 만든 것은 도시공간을 가상공간에 집어넣은 월드가 있었기 때문이다. 월드가 있기 전에는 이전 서비스였던 이모지 단계에서 크게 벗어나지 못했다. 지금은 서울의 유명한 공간을 본떠 만든 '한강공원'맵 같은 것들이 있지만, 디지털트윈처럼 완전히 같은 형태라기보다는 추상화·간소화되어 있는 방식으로 서비스되고 있다. 그 정도라도 가능하도록 한 것이 제페토 입장에서는 '신의 한수'가 되었다.

유저들은 이러한 공간들에서 아바타를 통해 서로 소통했다. 현재는 유저가 직접 월드를 만들 수도 있도록 제페토 빌드잇(Zepeto

제페토 스튜디오에서 만들어진 전주한옥마을

출처: 코리아헤럴드

제페토 블랙핑크 팬 사인회

Build It)이 서비스되고 있으며, 아바타들의 의류나 패션아이템을 직접 디자인하는 제페토 스튜디오(Zepeto Studio) 서비스도 진행된다는 점에서 점차 미국의 로블록스와 비슷한 수준의 서비스를 목표로 하고 있는 것을 알 수 있다.

제페토의 수익방식은 패션스타일이나 액세서리 등을 판매하는 방식으로 이루어지는데, 젊은 층의 수요에 잘 대응하는 전략을 선택하고 있음을 알 수 있다. 특히 유명 브랜드나 연예기획사와의 제휴를 통한 서비스 확산을 전략적으로 진행하고 있는데, 국내의 대표적인 엔터테인먼트 업체인 SM, YG, JYP, 빅히트 등이 제페토를 통해서 K-pop 등 콘텐츠를 론칭하고 있다. 대표적으로 방탄소년단(BTS)의 팬이 '다이너마이트(Dynamite)' 뮤직비디오 세트장을 월드에서 구현했고, 그 월드가 팬들에게 명소가 되기도 했다. K-pop이 전 세계적인 인기를 끌게 되면서 제페토의 이용자 중 해외 이용자가 90%에 달할 정도다.

이처럼 '월드'에 있어서 제페토를 성장시킨 두 번째 동력은 바로 문화 콘텐츠였다는 것을 알 수 있다. '가상공간에서 무엇이 소비될 수 있는가'에 대해 명확히 확인한 것이라 할 수 있다.

이렇게 월드와 문화 콘텐츠라는 2개의 축을 바탕으로 제페토의 플랫폼 참여자가 늘어나게 되자, 세 번째 축이 등장하게 되었는데, 젊은 층이 민감하게 반응하는 패션기업들의 플랫폼에 등장했다. 대표적으로 구찌(Gucci)는 2021년 2월 본사가 위치한 이탈리아 피렌체를 배경으로 한 '구찌 빌라(Gucci Villa)'를 가상공간인 월드맵에 구현하고 구찌의 상품들을 가상공간에 공개했다. 이처럼 공간과 문화가 결합된 가상공간 플랫폼은 그 파급효과와 서비스 모델이 얼마든지 현실세계에도 영향을 미치는 것을 보여주었다.

▌NFT

NFT는 Non-Fungible Token으로 '대체 불가능한 토큰'을 의미한다. 토큰은 하나의 디지털 저장소이기도 하며, NFT는 디지털 저장소에 들어 있는 디지털자산이라 할 수 있다. NFT는 블록체인 기반 디지털 매체로 개발된 것으로, 원본과 복사본이 쉽게 구별 가능하다는 독특한 장점을 가지고 있어 대체 불가능하다는 속성을 가지고 있다. NFT는 디지털자산인 만큼 예술 작품, 음악, 게임 등 디지털화한 자산을 암호화폐를 통해 온라인으로 구매 및 판매가 가능하도록 개발되었다.

디지털 아티스트 비플(Beeple)로 알려진 미국의 아티스트 마이크 윈켈만(Mike Winkelmann)의 '매일: 첫 5,000일(Everydays: The First

크리스티 경매에서 6,930만 달러에 낙찰된 마이크 윈켈만의 NFT   출처: 크리스티

5,000 Days)' NFT 작품이 지난 2011년 3월 크리스티(Christie's) 경매에서 6,930만 달러라는 거액에 낙찰되어 큰 화제를 모은 바 있다. 이처럼 일부 디지털화한 자산인 경우 NFT 마켓에서 실제 작품보다 높은 가격으로 판매되고 있어 미술계에서는 NFT 열풍이 불고 있다. 이처럼 가상세계에서 만들어진 디지털자산이 현실세계의 화폐로 거래됨으로써 가상세계에서의 자산에 대한 평가가 새로워지고 있다고 할 수 있다.

▌ 가상인간 프로젝트

가상공간에 더해서 삼성 등 국내 기업들은 가상인간(Virtual Human) 플랫폼을 개발중에 있다.

삼성은 2020년 가전제품전시회(CES)에서 '인공 인간(Artificial Human)' 프로젝트인 '네온(NEON)'을 발표했다. 네온에서 공개된 가상인간들은 실제인간과 매우 흡사해 충격을 주었다. 또한 Mnet에서 방영된 AI 음악 프로젝트 '다시 한번'은 AI 기술로 그룹 '거북이'

삼성 인공지능 가상인간 프로젝트 네온   출처: 네온 홈페이지

의 래퍼 터틀맨(임성훈)의 목소리와 움직임을 생전 모습 그대로 복원해내 시청자들을 놀라게 했다. 이러한 시도들을 통해 머지않아 우리 삶에 깊이 들어올 가상인간에 대한 기대감이 증폭되었다.

또한 국내 스타트업 기업 딥브레인AI(Deep Brain AI)는 인공지능 기술을 활용해 'AI 윤석열'이란 가상인간을 개발해 이를 대선활동에 활용한 바 있다.

고성능 3차원 그래픽 기술

▌3차원 그래픽 기술이 필수인 이유

가상현실을 만드는 기술 중 필수적인 요소는 3차원 그래픽 관련 기술이다. 3차원 그래픽 기술은 2차원으로 만들어져 있던 기존의 지도나 평면적인 캐릭터들을 실제 3차원 공간으로 만드는 것을 의미한다. 인간이 3차원적 존재이기 때문에 현실감이 있는 가상현실을 만들기 위해서 3차원 그래픽 기술은 필수적인 부분이라 할 수 있다.

또한 이러한 3차원 그래픽 기술은 컴퓨터상에서 구현되기 때문에 3차원 컴퓨터 그래픽 기술(3D computer graphics)이라고 표현하는 것이 정확하다. 2차원 컴퓨터 그래픽과의 차이점은 높이와 폭만 있는 2차원 좌표계에 더해서 깊이가 추가되는 3축의 공간좌표를 이용해서 위치를 표시하고 이 위치데이터를 이용해서 3차원적으로 표현하는 것이기 때문에 가장 기본적으로는 좌표가 하나 추가되는 것을 의미할 수 있다.

그렇지만 이러한 3차원으로 저장된 정보구조를 가지고 있다고 하더라도 실제 구현되는 것은 2차원 패널 혹은 모니터를 통해 구현되기 때문에 실제 현실에 3차원 그래픽이 그대로 구현되려면 AR 기술이 상용화될 때까지 기다리거나 억지로 3차원 느낌을 주기 위한 VR 혹은 그도 안 된다면 낮은 수준의 파란색, 빨간색 셀로판지가 붙어 있는 3D안경을 쓰는 방법이 있었다.

3차원 컴퓨터 그래픽을 만드는 기술은 크게 소프트웨어와 하드웨어를 들 수 있는데, 소프트웨어의 경우 사용용도에 따라 비행기나 자동차와 같은 기계를 설계하기 위한 용도, 건축물이나 도시를 설계하기 위한 용도, 의료용 인간의 신체나 장기를 설계하기 위한 용도,

VR 교육훈련 현장

출처: 저자

게임이나 영화를 만들기 위한 용도 등 어느 하나의 통합된 프로그램이 있다기보다는 용도에 따라, 분야에 따라 상용화된 프로그램을 서비스하는 경우가 대부분이다.

가장 범용으로 사용되는 것은 현실세계와 동일한 상황을 만들어야 하는 영화나 게임에서 사용되는 것이 대표적이며, 점차 사용자들이 많아짐에 따라서 다른 용도의 소프트웨어들을 통합하려는 시도도 이루어지고 있다. 이러한 영화나 게임에서 주로 사용되는 게임용 소프트웨어는 언리얼엔진(Unreal Engine)과 유니티3D(Unity 3D)가 양대 산맥을 이루고 있다. 영화의 경우는 특수한 효과를 내기 위해 루카스필름처럼 별도의 특화된 소프트웨어를 자체적으로 개발해서 사용하는 경우도 있긴 하다.

하드웨어 기술의 경우 우리가 일반적으로 컴퓨터에 장착하는 그래픽카드가 가장 핵심적인 기술이 되는데, 그동안 ATI, AMD, 인텔 등 다양한 회사들이 3차원 그래픽 칩을 개발했고 현재도 하고 있지만, 게임을 중심으로 해서 어느 정도 표준의 역할을 하고 있는 회사는 엔비디아(Nvidia)를 들 수 있다. 엔비디아의 연산기술은 하나의 CPU에서 고차원의 계산을 진행하는 것보다는 수많은 GPU들이 상대적으로 저차원의 수많은 계산을 진행하는 방식이기 때문에 픽셀단위의 수많은 계산을 해야 하는 컴퓨터 그래픽 기술에 적합한 방식이었다고 할 수 있다.

점차 위치정보뿐만 아니라 빛과 관련된 반사, 광원효과, 바람이나 먼지와 같은 수많은 픽셀단위들, 물이나 불, 동물의 털과 같은 많은 데이터들을 처리해야 하면서 그래픽카드의 성능이 매우 중요한 요소가 되었다. 특히 도시를 가상현실로 구현하는 데 있어서 컴퓨터 그래픽 기술은 필수적이라 할 수 있다.

오토데스크

오토데스크(Autodesk)는 미국의 기업으로서 2차원·3차원 디자인 소프트웨어에 초점을 맞춘 기업이다. 특히 오래전부터 건축, 공학, 미디어, 엔터테인먼트 등에서 기술력을 갖추고 있으면서 도시를 설계하는 전문가들 사이에서는 필수적인 프로그램들을 개발하는 회사다.

오토데스크에서 개발하는 프로그램 중에서 대표적인 프로그램은 AutoCAD라는 프로그램이다. 이 프로그램은 시중에 너무 많이 공급되었기 때문에 CAD라는 일반명사보다 AutoCAD라는 고유명사가 더 많이 불릴 정도였다.

원래 CAD는 'Computer Aided Design'으로 컴퓨터를 이용한 디자인·설계를 통칭하는 일반명사다. 이 CAD는 정확한 수치가 필요한 공학 분야에서는 설계에 있어서 필수적인 도구로 활용되어왔

오토데스크의 오토캐드　　　　　　　　　　　　출처: 오토데스크

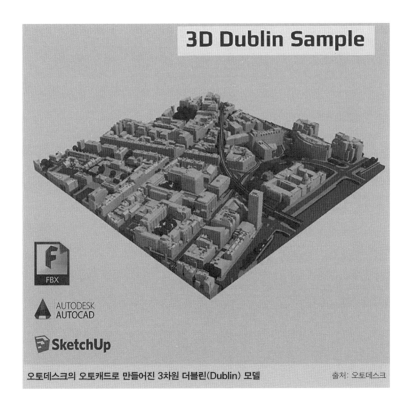

오토데스크의 오토캐드로 만들어진 3차원 더블린(Dublin) 모델 　　　　　　　　　출처: 오토데스크

다. ArchiCAD, ZWCAD 등 유사한 개발사들이 개발한 프로그램들도 최근에는 시장 지배력을 높여가고 있다.

　이렇게 많이 공급된 것에 비해 3차원 구현 능력은 점차 다른 회사들의 개발제품에 밀리고 있는데, 공급망은 확보했지만 프로그램의 혁신을 이루는 데는 확산된 공급에 미치지 못하고 있는 점도 지적되고 있다. 오토데스크의 대표적인 프로그램은 앞서 소개한 AutoCAD와 Maya, 3ds Max, Revit 같은 프로그램들이 있는데, 그래도 현재 대부분의 고등학교·대학교에서 일차적으로 도시공간을 구현하는 데 활용하는 프로그램은 캐드를 제외하고는 이야기하기가 힘들긴

하다. 여전히 3차원 모델링이나 현실감 있는 렌더링에 있어서는 아쉬운 측면이 있고, 공간정보와 연계하는 방식이라거나 메타버스 구축 프로그램과의 호환성, VR기기 등의 개발자 입장에서의 편의성에 있어서도 어려운 점이 있다.

▌ 다쏘시스템

오토데스크만큼이나 많이 알려진 3차원 컴퓨터 그래픽 프로그램이 다쏘시스템(Dassault Systems)이다. 다쏘시스템은 다쏘에서 비행기를 설계할 때 사용하는 3D CAD/CAE 소프트웨어인 카티아(CATIA)와 솔리드웍스(Solid Works)라는 제품을 판매하는 것으로 유명하다. 카티아의 건축용 버전으로 Digital Project라는 프로그램도 있다. 이 다쏘의 카티아를 이용해서 개발한 것이 바로 앞서 살펴본 싱가포르의 '버추얼싱가포르(Virtual Singapore)'다.

원래 다쏘는 비행기를 만드는 항공기 제조와 방위산업회사로 유명한 프랑스 기업이다. 유럽회사이기 때문에 미국 기종을 주로 이용하는 한국에는 많이 알려지지 않았지만, 밀리터리에 관심이 있는 사람들에게는 보통 '미라주 전투기'로 알려져 있는 프랑스의 군산복합체 기업이다. 다쏘는 2차 세계대전 이후에 1960~1970년대까지는 미라지(mirage) 시리즈로 전성기를 누렸지만 미국의 Teen 시리즈, F/A-18, F16, F15, F14로 이어지는 미국 전투기들이 강력한 우방국들을 등에 업고 시장을 잠식해갔다. 이후 다쏘는 유로파이터 제작에 참여하거나, 차세대 전투기 라팔을 제조했던 것으로 유명하다.

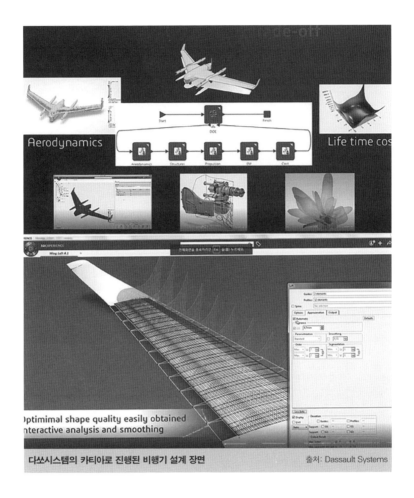

다쏘시스템의 카티아로 진행된 비행기 설계 장면   출처: Dassault Systems

매우 특이한 것은 고도의 공기유체역학 계산이 필요한 비행기 설
계를 위해 개발한 3D CAD/CAE 소프트웨어를 직접 개발했다는 점
이다. 공기유체역학에 특화되어 있기는 하지만 건축물·도시공간의
디자인, 특히 비정형적 건축물들을 설계하는 데 특화되어 있는 것으
로 각광받았다.

우리에게 익숙한 것은 서울 동대문에 있는 동대문디자인플라자

다쏘시스템의 카티아로 설계된 동대문디자인플라자 　　　　　　출처: 서울디자인재단

(Dongdaemun Design Plaza)인데, 바로 이것이 다쏘시스템의 카티아로 설계된 것으로 유명하다. 동대문DDP를 설계한 여성 건축가 자하 하디드(Zaha Hadid)는 비정형적 건축물과 도시를 설계한 것으로 유명한 건축가인데, 그녀의 동대문디자인플라자 설계안을 보면 수직·수평인 선들이 거의 없으며 날렵한 곡선형으로 설계된 외관을 가지고 있다. 따라서 수직·수평 방식으로 설계되는 것이 아니라 공기유체역학과 같은 선들로 설계가 이루어져야 한다.

　무엇보다 이러한 설계를 실제로 시공하기 위해서는 각 부재를 분리해서 제작해야 하는데, 일반적으로 수직·수평의 거푸집으로 만드는 건축물이 아닌 모든 부분이 곡선형·유선형으로 만들어진 건축물의 경우 시공을 위해서라도 이러한 3차원 그래픽 프로그램을 사용할 수밖에 없다.

▌라이노의 그래스호퍼

요즘 도시설계 분야 대학생들이 설계할 때 가장 많이 사용하는 상용 프로그램은 라이노세로스(3D Rhinoceros, Rhino, Rhino3D)와 스케치업(Sketch Up)을 들 수 있다. 실무에서는 여전히 오토데스크사의 3ds Max를 많이 사용하지만 이는 캐드와의 혼용성 때문이고, 실제 디자이너들 사이에서는 기능이나 확장성 측면에서 라이노가 가장 많이 각광받고 있다.

라이노는 1980년에 설립된 로버트 맥닐 앤드 어소시에이츠(Robert McNeel & Associates)가 개발한 상용 3차원 컴퓨터 그래픽스 및 컴퓨터 지원 설계(CAD) 응용 소프트웨어로, 아예 처음부터 3차원 컴퓨터 그래픽을 목표로 개발된 것을 알 수 있다. 특히 이 라이노의 기본 구조는 NURBS라는 수학 모델에 기반하고 있으며, 3차원 그래

라이노(Rhino)로 만들어진 3차원 모나코 가상도시모델　　　　　　출처: 라이노

픽상에서 곡선·자유형태를 수학적으로 정교하게 표현하는 것을 목표로 하고 있다. 따라서 건축, 도시, 산업디자인, 제품디자인, 멀티미디어 등에서 활발하게 사용되고 있다.

이처럼 자유로운 곡선과 표현의 혁신성을 가지고 있는 것뿐만 아니라, 더 중요한 것은 인공지능을 기반으로 스크립트 언어가 추가되어 있다는 점이다. 바로 이것이 그래스호퍼라는 프로그램인데, 몇 개의 명령어들의 조합을 통해서 3차원 그래픽상에서 도시공간의 배치나 광원 등 자연효과 등을 입력해 넣을 수 있는 자유도를 제공하는 프로그램이다.

이러한 별도의 프로그램 기능이 있다는 것은 3차원 그래픽 프로그램의 확장성을 높여주는 수단으로 현실감을 높여주거나 현실세계와 동일한 방식의 가상세계를 구현하는 데 결정적인 도움을 주는 기능이라 할 수 있다. 이후에 살펴보는 언리얼엔진과 유니티3D의 경우 이보다 더 강화된 프로그램을 가능하게 하기 때문에 더욱 현실감 있는 영화나 게임 제작이 가능하다고 할 수 있다.

▌ 언리얼엔진과 유니티3D

현재와 같은 화려한 게임 속 가상현실이나 컴퓨터 그래픽을 이용한 영화들은 강력한 3차원 그래픽 성능과 유저들이 활용할 수 있는 여러 가지 개발옵션을 필요로 하고 있다. 이러한 요구에 정확하게 대응하고 있는 2개의 축은 언리얼엔진(Unreal Engine)과 유니티 3D(Unity 3D)라는 걸출한 그래픽 엔진이다.

먼저 언리얼엔진에 대해 살펴보자. 언리얼엔진은 PC와 게임콘솔용 게임 개발, 스마트폰·VR을 기반한 콘텐츠 개발, CG영화 및 애니메이션 제작, 건축 및 도시설계, 실내·실외 디자인, 조경, 가상현실과 증강현실, 군사용시뮬레이션 등 다양한 사용처에 사용되고 있는 게임엔진인데, 고퀄리티의 그래픽 프로그램으로 오랜 기간 왕좌의 자리에 있었다.

원래 언리얼엔진은 1994년 중순에 디지털익스트림즈의 창립자인 제임스 슈말츠(James Schmalz)가 언리얼엔진을 개발하던 당시에 에픽게임즈의 팀 스위니가 브러시가 달린 맵 에디터인 '언리얼 에디터'를 개발한 것이 언리얼엔진의 시초라고 알려져 있다. 당시 제임스 슈말츠는 복잡한 어셈블리어로 구성된 코드로 개발하고 있었지만, 팀 스위니는 쉽게 다가갈 수 있는 렌더링 엔진을 개발하는 것을 목표로 하고 있었던 데서 돌파구를 찾았던 것 같다.

언리얼엔진은 그래픽 렌더링용 소프트웨어 엔진이었고, 언리얼엔진으로 개발된 게임들이 거래되던 플랫폼인 에픽게임즈는 드디어 1998년 4월 30일에 FPS게임인 언리얼을 발매했다. 당시에 1인칭 슈팅게임은 많이 있었으며 대표적으로 퀘이크엔진이 있었지만, 편의성과 보다 넓은 범용성을 강조해 언리얼이 개발되면서 큰 성공을 거두었다.

언리얼엔진으로 개발된 게임   출처: 에픽게임즈

　언리얼엔진이 빠르게 시장을 점유할 수 있었던 것은 영화, 게임, 건축, 도시 등 다양한 분야에 포괄적으로 사용할 수 있는 범용성과 일반인도 사용할 수 있는 편리한 도구, 꾸준한 업데이트와 유저들의 의견을 충실히 반영하는 방식의 업데이트 등이 이유였다. 또한 언리얼엔진4부터는 자체적인 프로그램 언어인 언리얼 스크립트(Unreal Script)를 제거하고 더 범용적인 C+이나 C#을 이용할 수 있도록 할 정도로 범용성을 추구했다.

　사실 C언어 같은 프로그램 언어를 모르는 경우에는 이러한 추가 기능을 사용하기 어려운 측면이 있다. 그렇지만 언리얼엔진의 경우 버전 3부터는 미리 짜인 프로그램의 순서를 정해주는 방식으로 프로그래밍이 가능하도록 하는 비주얼 스크립팅이 탑재되어 코딩을 할 줄 모르는 일반인도 3차원 컴퓨터 그래픽을 작업할 수 있도록 만들었다. 이러한 비주얼 스크립팅은 블루프린트(Blueprint)라는 이름으로 개발되었다.

이렇게 개발을 하기 쉽게 만들었지만, 언리얼엔진을 빛나게 한 것은 3차원 그래픽의 퀄리티였다. 극강의 컴퓨터 그래픽 하드웨어 성능이 필요했으며, 그 결과로 만들어진 결과물 역시 현실감이 최대치로 구현된 3차원 공간을 만들어냈다.

이러한 범용성을 추구하는 것은 보다 많은 민간 개발자들이 언리얼엔진을 선택해 PC나 모바일 게임을 개발할 수 있도록 하기 위한 것이었다. 즉 플랫폼의 힘을 인식한 것이었다.

이처럼 사용자의 확장에 모든 노력을 기울여 드디어 2015년 3월 2일 언리얼엔진4의 사용료를 완전히 무료화했으며, 누구나 사용 가능하도록 소스코드까지 전면 공개했다. 다만 개발자가 언리얼엔진을 이용해서 개발한 게임이나 영화, 건축설계, 인간아바타 등이 100만 달러를 벌면 그때 사용료를 내도록 해 시장의 확장을 이끌었다.

유니티3D는 3차원 컴퓨터 그래픽 도구로 언리얼엔진과 전 세계 시장을 양분하고 있는 그래픽 엔진이다. 유니티3D는 언리얼엔진보다는 이후인 2004년 8월 덴마크 회사였던 유니티 테크놀로지스가 개발했으며, 공식적인 발표는 2005년 6월 8일에 발표되었다. 언리얼엔진에 비해서는 후발주자였지만 언리얼엔진보다 더 단순하고 사용법이 쉬웠으며, 무엇보다 라이선스 비용을 거의 무료로 제공함으로써 다소 그래픽 퀄리티가 떨어졌지만 상위랭킹의 고퀄리티 게임 회사보다 아이폰을 중심으로 한 스마트폰 게임 생태계에서 중소규모 개발자들의 압도적인 선택을 받으면서 시장을 잠식해갔다.

2000년대 중반부터 스마트폰의 앱 생태계가 급격하게 성장하면

유니티 로고

출처: 유니티 테크놀로지스

유니티3D로 개발된 게임

출처: 유니티 테크놀로지스

서 스마트폰용 게임 개발사들의 개발을 통해 시장을 확장해나갔다. 모바일 시장의 경우 3차원 그래픽 성능이 뛰어나지 않았기 때문에 유니티3D의 그래픽 엔진은 급격하게 성장할 수 있었고, 이후 많은 동종업계 개발자의 유니티3D로의 진입이 더욱 활발해졌다. 자발적으로 만들어낸 교육자료들이 많은 개발자들을 유니티3D로 이끌기도 했다. 특히 건축물이나 아바타 등을 개발해 다른 개발자들이 사용할 수 있도록 하는 에셋스토어가 풍부해지면서 더더욱 유니티3D의 영향력이 확장되었다.

언리얼엔진과 유니티3D는 3차원 컴퓨터 그래픽 시장을 양분하고 있지만, 주로 하이엔드급 고성능 게임들은 언리얼엔진을 사용해왔고, 저사양·중소규모 게임들은 유니티3D를 선택해왔다. 그렇지만 현재는 언리얼엔진이 무료정책으로 전환하고, 유니티3D는 그래픽 엔진의 사실감을 더 높이는 방향으로 업데이트가 꾸준히 진행되면서 둘의 차이가 점차 없어지고 있다.

　　이 둘은 더 실제 같은 가상현실을 만들기 위해 텐서플로(Tensor Flow) 같은 인공지능 모듈을 도입하거나 영화의 3차원 컴퓨터 그래픽을 만드는 회사들을 흡수병합하면서 가상현실세계를 넓혀가고 있다. 이 둘의 경쟁이 어디까지 이어질까?

GIS와 BIM

GIS 공간정보

현실세계의 공간, 위치, 형태는 가상세계에서 어떻게 표시될 수 있을까? 현실세계를 디지털공간에 구현하기 위해서는 현실세계의 공간, 위치, 형태를 일단 정확하게 디지털로 대체하는 것이 먼저 이루어져야 한다. 이렇게 현실세계의 공간에 관련된 위치와 현상을 정보로 만든 것을 공간정보(Geospatial Information)라고 한다. 이 공간정보를 통해서 현실세계의 산, 바다, 하천, 건물, 도로 등의 모든 공간들이 컴퓨터 속으로 들어갈 수 있게 되었다.

원래 공간정보의 초기 형태는 아주 오래된 시절부터 중요한 위치를 표시한 벽화나 지도로 거슬러 올라간다. 특히 농업경작을 위해

거리와 면적을 측정하거나 전쟁을 위한 지도를 만드는 과정에서 공간을 도면에 표현하는 방식으로 공간정보도 발전해왔다. 그렇지만 이러한 벽화나 지도에 등장하는 공간들의 위치는 정확도가 떨어질 뿐만 아니라 이들 각각이 서로 다른 좌표계와 범위를 가지고 있기 때문에 현실세계와는 차이가 있었다. 그래서 정확한 공간정보는 측량법이나 인공위성의 발전이 이루어진 이후에나 본격적으로 이루어지게 되었다.

공간정보를 디지털 방식으로 전환해 이를 활용하는 정보시스템을 GIS(Geographic Information System)라고 한다. 이 GIS를 통해 도시공간에 나타나는 지형, 토지, 자원, 도시, 교통, 환경 등 다양한 현실세계는 가상세계로 전환될 수 있게 되었다. GIS는 현실세계의 모든 정보를 수치·데이터의 형태로 표현하기 때문에 동일한 코드로 저장된다. 이렇게 동일한 코드로 저장된 데이터들은 3차원 정보로 구축되기 때문에 결과적으로 가상공간을 구축하는 데 활용된다.

우리나라에서 이러한 공간정보를 구축하는 기관은 국토교통부 국가공간정보포털과 LX 한국국토정보공사다. 원래 한국국토정보공사는 2차원 지도를 만들던 기관이었지만, 현재는 전 국토를 3차원으로 구축하는 목표를 가지고 있다.

▌에스리의 ArcGIS

GIS를 위한 소프트웨어를 개발하는 회사 중에 글로벌 시장에서 가장 큰 점유율을 가지고 있는 회사로 미국 캘리포니아주에 위치

한 에스리(ESRI)가 있다. 에스리는 지리정보시스템 소프트웨어를 개
발하고 공급하는 회사로, 현재 전 세계의 GIS소프트웨어 사용자의
80% 점유율을 보유하고 있다.

　원래 에스리사는 1969년에 Environmental Systems Research
Institute라는 이름으로 만들어진 소프트웨어 컨설팅 회사로, 대표
적인 소프트웨어는 ArcGIS라고 불리는 GIS프로그램이다. ArcGIS
는 비교적 쉽게 일반인들이 도시의 공간정보를 2D 혹은 3D 형식으
로 입력하거나 혹은 입력되어 있는 자료를 보고 확인할 수 있는 솔
루션을 제공하고 있다. 사용료도 내야 하고, 후발 업체들도 비슷한
프로그램을 무료로 배포하는 경우도 있지만, 워낙에 관련 분야에서
압도적인 점유율을 가지고 있기 때문에 공간정보를 다루는 범용 소
프트웨어 하면 ArcGIS가 가장 대표적이다.

　원래 ArcGIS는 1999년에 Arc/INFO라는 형태로 처음에 오픈되
었는데, 당시에는 공간정보 데이터를 명령어 형식으로 입력하고 분
석하는 방식이었다. 그 이후 Arc/INFO는 보다 사용자들이 쉽게 사
용할 수 있는 그래픽 메뉴형태를 가지고 있는 ArcGIS Desktop으로
변화되었으며, 2015년에는 ArcGIS Pro 형태로 변화되어 현재까지

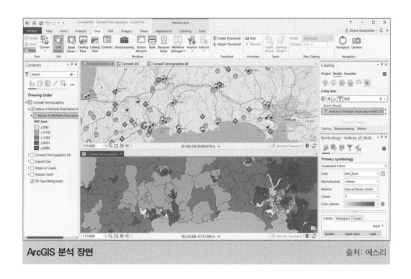

ArcGIS 분석 장면   출처: 에스리

서비스되고 있다. 현재 ArcGIS Pro는 공간정보를 2D 및 3D로 제공
하는 것뿐만 아니라, 인공지능 모듈까지 탑재해서 공간정보를 분석
하고 시각화(visualization)하는 데 활용하고 있다.

▌건축물 단위 정보기술인 BIM

에스리가 개발한 ArcGIS가 도시 전체를 디지털로 변환해 가상공
간을 만들고 분석하는 일을 하는 프로그램이라고 한다면, BIM은 건
축물 단위로 3차원 모델화하는 프로그램이다. 정확하게 표현하자면
건축물을 3차원으로 표현하는 것은 BIM 이외에도 많은 소프트웨어
들이 있기 때문에 BIM의 의미는 건축물의 3차원 가상공간을 이용
해서 건축물의 공간설계, 시공, 운영 등 생애주기 전체의 정보와 모
델을 작성하는 기술이다.

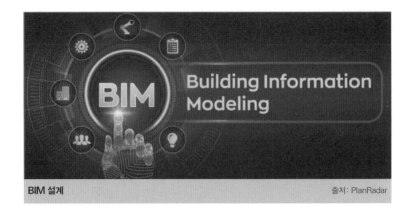

쉽게 말해 3차원 건축물 가상공간에 더 많은 정보들이 입력되어 있는 것이라고 할 수 있다. 따라서 재료, 전기, 상하수도, 환경 등 건축물에 포함되는 세부적인 정보들이 입력되었기 때문에 실제 건축물 수준으로 가상공간을 만들 수 있는 정보들이 구축된 것이다.

일반적인 3차원 그래픽 프로그램과의 가장 큰 차이점은 외형적인 데이터만 구축하는 3차원 컴퓨터 그래픽에 비해 BIM은 그 안에 속성정보들이 모두 포함된다는 데 있다. 그렇기 때문에 건축물을 3차원으로 그려놓으면 그 건축물을 짓기 위한 시공재료견적, 건설공사의 순서, 건설되었을 때 냉난방이나 에너지 효율 등을 알 수 있고, 건설 이후의 건축물 유지보수, 세부적인 공간의 면적산정 등도 가능하다.

만약 건축물의 일부를 변경했을 때에도 그 변경되는 내용을 모두 포함해 에너지시뮬레이션도 가능하다는 장점이 있다. 건축물 단위에서는 현실세계의 설계안이 그대로 가상세계에 구현되는 것과 동일하다.

BIM의 경우 GIS처럼 시장을 압도적으로 지배하는 프로그램이 아직 없다. 건축물용으로는 Revit, AECOsim 등이 많이 사용되고 있지만, 아직까지 압도적으로 사용되는 부분이 없다. 또한 토목용으로는 Civil3D, OpenRoads, midas CIM과 같이 서로 다른 프로그램을 사용하고 있고, 이를 통합하는 용도로 InfraWorks 같은 프로그램들을 사용하는데, 이처럼 아직 BIM은 통일되어 있지 못하다. 그렇지만 관리의 효율성이나 정확한 공사비의 산정이 가능하기 때문에 대한민국 정부에서는 공공건축물의 경우에는 BIM을 의무적으로 적용해서 설계하도록 유도하고 있다.

GIS와 BIM, 통합된 공간의 디지털화

앞서 살펴본 GIS가 도시·국토 전체를 디지털화하고 있다면, BIM은 구조물이나 건축물 단위로 디지털화하고 있다고 간단히 이해할 수 있다. 그렇지만 디지털화한다는 것은 서로 다른 위계의 데이터들이 결국 동일한 방식의 디지털코드로 전환되는 것이기 때문에 이들을 통합하는 것이 가능하다. 그렇기 때문에 현재의 GIS와 BIM은 앞으로 통합의 절차를 밟게 될 것으로 예상된다.

일례로 서울시에서 얼마 전에 개발한 S-map의 경우 서울시 전체의 공간정보를 가상공간화하는 데 성공했다. 서울시 전체의 공간정보를 가상공간화하는 과정에서 서울시의 지형·하천과 같은 자연환경, 건축물의 외형, 교량과 같은 주요 구조물 등이 모두 가상공간에 입력되어 있다.

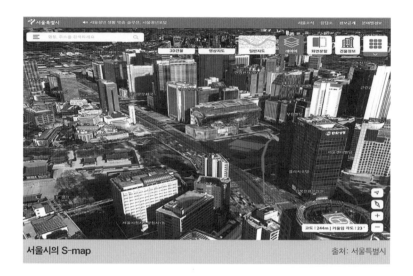

서울시의 S-map

출처: 서울특별시

일차적으로 현실세계의 도시공간 전체가 컴퓨터상에 가상세계의 가상공간으로 구축되었다. 여기에 추가적으로 주요 건축물들에 대해서는 내부공간과 지하공간까지 가상공간으로 구축되어 있다.

건축물에 대한 전문적인 모든 정보가 구축되어 있지는 못하지만, 일반인들이 참고할 만한 내용들은 모두 포함되어 있다고 볼 수 있다. 일반인들은 S-map을 통해서 도시공간을 살펴보다가 관심 있는 건축물 같은 경우는 안으로 들어가서 1층에 무엇이 있는지, 지하철과 어떻게 연결되는지 등을 확인할 수 있는 것이다.

우리의 공간은 전부 디지털화될 수 있을까?

비슷한 서비스가 싱가포르의 버추얼싱가포르나 구글의 구글어스에서도 적용되고 있다. 버추얼싱가포르에서는 도시 전체를 보다가

아파트의 평면을 확인할 수 있는 서비스가 있고, 구글어스의 경우에도 관광명소와 같은 주요 건축물의 경우에는 실내공간을 확인할 수 있는 서비스가 있다.

도시 전체의 데이터와 건축물·구조물 데이터의 데이터 해상도가 서로 차이가 있기 때문에 현재까지는 일부 건축물만 확인할 수 있는 상황이지만, 결국 데이터의 양과 속도의 문제이기 때문에 시간이 흐르면 해결될 것이다. 이러한 GIS와 BIM 데이터에 더해서 사람이나 차량의 이동, 미세먼지나 하천의 흐름, 바람길 등도 포함된다면 정말로 가상현실이 실현되는 것이 언젠가 가능할 것이다.

가상현실 입출력 기술들

가상현실을 가능하게 하는 기술

자, 이제 현실세계의 공간을 가상공간에 모두 구현했다고 치자. 이 가상공간에는 현실세계와 동일하게 숲과 바다도 있고, 건축물과 대형구조물들도 있으며, 이동하는 사람들, 자동차, 비행기, 백화점에 진열된 상품들까지도 모두 현실세계와 똑같이 구현되어 있다. 심지어는 현실세계에 없는 것들과 현실세계에서는 불가능한 것들도 가상세계에는 구현되어 있을 것이다. 당신은 백만장자가 되어 있을 수도 있고, 가본 적 없는 나이아가라 폭포 위를 날고 있을 수도 있다.

상상하는 것 이상의 모든 것들이 가상공간에 구현되어 있을 수 있다. 여기까지는 가상공간을 준비하는 단계다. 그렇다면 현실세계의 인간이 가상공간을 경험하게 하는 기술은 무엇일까? 우리는 어떻게 가상현실 속의 공간을 체험할 수 있을까?

이렇게 미리 만들어놓은 가상현실 공간을 실제 경험하게 하는 기술이 VR, AR, MR, XR이다. 흔히 가상현실, 메타버스 하면 떠오르는 이미지가 머리에 뒤집어쓴 VR기기다. 그래서 '가상현실' 하면 "아, 그거 VR 아니야?"라는 사람들이 많으며, 그렇게 많이 알려져 있다. 그렇지만 정확하게는 이 기술들은 미리 만들어져 있는 가상현실 공간에 인간이 접속하게 하는 기술이라고 할 수 있다.

우리가 컴퓨터를 사용하게 되면 CPU, 램, 하드디스크 등의 핵심 부품들이 있고 그 안에 여러 프로그램이 구동되면서 핵심적인 기능을 수행하지만, 결국 사람과 소통하는 것은 모니터와 키보드, 마우스 등이다. 여기서 모니터는 출력장치이고, 키보드와 마우스는 입력장치다. 출력장치와 입력장치는 사람이 컴퓨터와 소통하는 도구다. 이 원리와 마찬가지로 VR, AR, MR, XR은 가상현실 공간에 인간의 의지를 입력하거나 가상현실을 인간에게 출력해주는 기술이라고 할 수 있다. 결국 '이들이 얼마나 입출력을 현실감 있게 제공하느냐'가 가상현실의 성공을 결정짓는 중요한 요소가 된다.

VR(가상현실)

그렇다면 이 입출력 장치 기술은 어느 수준에까지 올랐을까? 각각의 내용을 살피기 전에 간단한 구분부터 먼저 해보자.

먼저 우리가 가상현실의 대명사처럼 익숙하게 들어온 VR은 이름 자체가 Virtual(가상)과 Reality(현실)이라는 단어로 이루어져 있을 만큼 많이 알려져 있다. 한국의 대표적인 IT기업인 삼성도 VR 장치를 개발했으며, 많은 게임 소프트웨어들 중에 VR을 위한 장치, HMD(Head Mount Display)를 지원하는 게임들도 많이 보급되어 사용자와의 진입 장벽도 매우 낮아진 상태다. 얼마 전 페이스북은 HMD제조업체인 오큘러스를 인수하고 회사이름을 메타로 바꾸기까지 했다.

이처럼 VR은 이후 등장하는 여러 가상현실 입출력 장치 중에서 비교적 초기에 개발되었고, 많은 콘텐츠를 갖추고 있는 유형이다. VR이 가지는 가장 큰 특징은 자체적인 가상세계에만 몰입하게 하는 구조라는 것이다. 그래서 HMD는 눈을 완전히 가리는 형태로 만들어지고, HMD를 뒤집어쓰는 순간 현실세계는 사라지고 가상세계만을 보게 된다.

미 캘리포니아 벌링게임에 문을 연 메타스토어에서 VR기기를 체험하고 있는 장면

출처: UPI 연합뉴스

AR(증강현실)

두 번째로 등장한 AR은 흔히 증강현실이라고 번역되는데, Augmented(증강)과 Reality(현실)의 합성어다. 증강한다는 의미에서 알 수 있듯, 이 경우는 가상현실이 만들어져 있긴 하지만 단독으로 움직이는 것이 아니라 현실세계와 연동되어 작동하는 구조다. 구글이 개발한 구글 글래스(Google Glass)가 대표적인데, 앞서 살펴본 오큘러스 같은 HMD와 달리 안경 형태이므로 눈과 렌즈 사이로 현실세계를 같이 볼 수 있다는 큰 차이점이 있다.

현실세계와 가상세계를 같이 본다는 것은 사실 가상세계를 구현하는 기술적인 측면에서는 더 어려운 일인데, 현실세계와 가상세계를 완전히 동일하게 싱크로해야 하기 때문이다. 이 둘이 완전히 동일하게 싱크로되지 않는다면 뭔가 어색해 보이는, 예를 들자면 앞에 나와 이야기하고 있던 가상현실 속 아바타가 내 앞에 서 있는 것이

구글 글래스

출처: 구글

아니라 거리가 떨어져 있거나 뒤집어져 있거나 하는 일들이 발생하는 것이다. 우리가 영화에서 보는 많은 증강현실 이미지들이 현실공간에 그래픽으로 투사되어 나타나야 하기 때문에 3차원 광원이 서로 간섭을 일으켜서 이미지를 구현해야 하는 문제도 생긴다. 그렇지만 현실세계에서 가상세계를 병치해 봄으로써 결국 현실세계의 문제 해결을 더 쉽게 할 수 있다는 측면에서 현재도 활발하게 개발되고 있는 기술이다.

마블 영화인 〈아이언맨〉에서 토니 스타크가 공중에 3차원으로 떠 있는 설계도를 수정하면서 슈트를 완성하는 장면이 바로 AR 기술을 보여주는 장면이다. 〈아이언맨〉 2편에서는 단순히 수트를 개발하는 것 이상으로 작은 도시 규모인 테마파크 전체가 AR 형태로 토니 스타크의 실험실에 투사되는데, 이 역시 AR 기술로 만들어진 가상공간이 현실공간에 투사된 모습이다.

마블의 또 다른 영화인 〈스파이더맨: 파 프롬 홈〉은 그야말로 AR

영화 〈스파이더맨: 파 프롬 홈〉의 한 장면 　　　　　　　　　　　출처: 소니콜롬비아픽처스

을 기반으로 한 가상현실 기술이 영화의 소재로 사용된 대표적인 영화였다. 이 영화에서 악당은 '미스테리오'라는 공학자였는데, 현실세계에 가상현실 기술을 구현시켜주는 드론과 3차원 영상장치를 통해서 스파이더맨을 공격하는 장면이 등장한다. 토니 스타크의 모든 기술을 사용할 수 있도록 하는 안경 형식의 커맨드 장치도 역시 등장하는데 모두 현실세계와 가상세계의 연결을 통해 경험하게 되는 장면이라 할 수 있다.

또한 간단한 게임에서도 AR을 경험한다. 바로 2017년 전 세계에서 선풍적인 인기를 끌었던 닌텐도 게임인 포켓몬 GO가 그것이다. 스마트폰에 비친 현실세상에 카메라를 가져다 대는 위치정보 입력 단계를 거치면 특정 위치에서 원하는 포켓몬을 잡을 수 있는 방식이다. 실제 구글지도의 공간정보를 활용했으며, 핸드폰의 GPS 기능과 LTE 기능을 활용해서 구현되었다.

포켓몬 게임 장면   출처: 저자

▌MR(혼합현실)

세 번째로 MR은 Mixed Reality라는 개념으로, 앞서 살펴본 VR과 AR을 결합하는 방식이다. 마이크로소프트의 VR+AR 플랫폼인 홀로렌즈를 대표적으로 들 수 있다.

사실 MR이라는 용어는 마이크로소프트가 VR 플랫폼을 출시하면서 'AR과 VR을 결합한다'는 개념으로 들고나온 것이기 때문에 마이크로소프트의 홀로렌즈와 크게 차이점을 찾기는 어려웠다. 근본적으로 AR기능이 약하기 때문에 MR은 사실상 마케팅 용어이고 그냥 VR HMD 기기라고 평가하는 사람들도 있다.

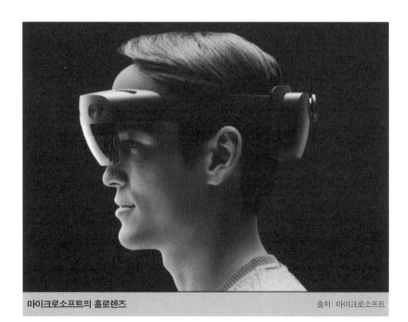

마이크로소프트의 홀로렌즈   출처: 마이크로소프트

▌XR(확장현실)

마지막으로 XR은 eXtended(확장) Reality(현실)의 합성어로, 지금까지 등장했던 가상현실 기술에 더해서 모든 도구를 활용해 현실을 확장하는 기술이라는 개념이다. 현실을 확장하는 개념이기 때문에 가상현실만 보여주는 VR 기술도 포함되고, 현실세계에 가상현실을 투사시키는 AR 기술도 포함한다. 또한 이를 뛰어넘는 다음 단계의 기술도 포괄하는데, 바로 시각 이외의 것들을 경험하게 하는 기술이다. 그렇기 때문에 XR은 궁극적으로는 가상현실 혹은 메타버스 기술을 통칭하는 단어가 될 가능성이 크다.

그렇다면 시각 이외에 XR에서 경험하게 되는 가상현실은 어떤 것을 의미할까? 우리가 지금까지 살펴본 가상현실 기술들은 모두 기본적으로는 인간의 오감 중에서 '시각'에만 집중해온 것을 알 수 있다. HMD나 안경 형태나 심지어는 홀로그램이라고 해도 이것들은 모두 '시각'적 경험만 하게 하는 것이다. 그렇지만 인간이 현실세계를 경험하고 느끼는 방식은 '시각' 이외에도 4개의 감각을 통해 이루어진다. 그렇기 때문에 가상세계를 정말 현실세계와 동일하게 느끼도록 하기 위해서는 나머지 감각들도 입출력이 되도록 해야 한다. 이때 나온 개념이 웨어러블 디바이스들이다.

시각처럼 비교적 쉽게 가상세계를 경험하게 하는 것으로 우선 청각을 들 수 있다. 이 청각의 경우 귀를 통해 듣거나 더 현실감 있는 기술로는 귀 내부의 신경을 직접 자극함으로써 듣게 하는 기술을 들 수 있다. 공간음향이라는 개념이 있는데, 우리가 영화관이나 미리

VR 트레드밀 촉감 장치   출처: 누믹스미디어웍스

세팅된 공간에서는 여기저기 배치된 스피커들이 서로 울림으로써 현실세계와 동일한 청각경험을 하게 하는 것이다.

시각, 청각에 이어서 최근 개발되고 있는 기술은 촉각에 대한 부분이다. 촉각은 입력과도 연관이 있다. 오감이라는 것은 가상현실 공간을 출력하는 개념이고, 입력하는 부분에 있어서는 장갑이나 이동을 위한 트레드밀, 입는 옷 같은 방식들이 개발되었다. 촉각에 있어서는 이들 입력장치들에 압력을 주거나 현실감 있는 촉감을 부여하는 방식이 그것이다. 그래서 실제로 걷는 것 같은 느낌을 준다거나 게임상에서 얻어맞았을 때 그 충격이 그대로 전해진다거나, 부드럽거나 딱딱한 것을 만졌을 때 그것을 그대로 체험하게 하는 것들이 여기에 해당한다.

이제 남은 것은 후각, 미각이다. 가상세계 맛집의 맛이나, 걸어다

VR 신발   출처: EKTO VR

니는 공간에서 꽃향기가 느껴지게 하는 방식이다. 사실 후각과 미각의 경우는 입자가 직접 전달되어야 하기 때문에 앞서 살펴본 시각, 청각, 촉각에 비해서는 구현하기가 쉽지 않다.

가상현실 공간에서 느껴지는 후각, 미각을 가장 극명하게 보여주는 것은 영화 〈매트릭스〉 1편에서였다. 가상현실세계에서 벗어난 네오는 동료들과 죽처럼 생긴 음식을 모여서 먹는데, 이때 '테이스티 휘트'라는 음식이 등장한다. 그때 등장인물 중 한 명(마우스)이 멀건 죽 같은 음식을 두고 테이스티 휘트 맛이 날 것이라고 이야기한다.

사실 영화상의 기계는 테이스티 휘트의 맛을 알지 못하기 때문에 테이스트 휘트의 맛이 이 죽과 비슷하다는 것은 거짓이다. 이것을 다른 동료였던 스위치가 너는 테이스트 휘트를 먹어본 적도 없다고 이야기한다. 또한 동료들을 배신한 사이퍼는 앤더슨 요원과 마주한 고급레스토랑에서 스테이크를 썰어 먹으면서 이 맛 역시 진짜 소고기인지 알 수 없다는 이야기를 한다.

입속의 촉감을 느끼게 해주는 VR기기 실험   출처: 카네기멜런대학교 퓨처 인터페이스 그룹 유튜브

결국 〈매트릭스〉상에서 느끼는 후각과 미각은 모두 전기신호들에 대한 기억이라고 볼 수 있다. 앞으로 미각과 후각을 경험하게 하는 단서가 여기에 있는데, 시각, 청각, 촉각처럼 직접 자극을 줄 수 없다면 자극을 인간이 받아들이는 전기신호를 조작·변형하는 방법을 생각할 수 있다.

이러한 시도를 하고 있는 대표적인 기업이 테슬라의 CEO인 일론 머스크가 설립한 뉴럴링크(Neuralink)다. 2016년에 일론 머스크가 설립했는데, 간단히 이야기하자면 컴퓨터와 뇌를 직접 연결하는 것이다. 뇌에 이식한 컴퓨터 칩을 통해 인간의 뇌를 컴퓨터와 연결하는 것인데, 이렇게 되면 뇌에서 맛이나 냄새를 맡을 때 느끼는 전기신호를 디지털형식으로 저장했다가 필요할 때 다시 뇌에 보내줌으로써 미각과 후각을 느낀 것처럼 만드는 것이라 할 수 있다. 이러한 기술이 정말 상용화될지 모르겠지만, 그래도 실제세계에서 먹는 멋진 음식을 능가할 수 있을까?

VIRTUAL REALITY

VIRTUAL REALITY

우리가 가장 빈번하게 가상현실을 경험한 것은 영화 속에 등장하는 가상현실 공간을 통해서가 아니었을까? 영화적 상상력은 끊임없이 가상현실을 불러내왔고, 우리의 호기심을 자극해왔다. 영화에서 등장하는 가상현실 속 도시공간은 영화 내러티브 속에서 여러 방식으로 현실세계와 관계를 갖는다. 어떨 때는 가상현실이 현실세계 속 액자와 같은 형태로 등장하기도 하고, 때로는 액자처럼 된 가상현실이 테마파크처럼 현실세계의 일부로 등장하기도 하며, 때로는 가상현실 자체가 현실세계인 경우도 있다. 또 어떤 상상력이 풍부한 천재는 새로운 방식의 영화 속의 가상현실을 만들어낼 것이다. 과연 지금까지 영화 속에 등장해서 우리의 상상력을 자극했던 도시공간들은 어떤 방식으로 등장했을까?

CHAPTER 5

가상현실과 영화 속 공간

시뮬라크르란 결코 진실을 감추는 것이 아니다.
진실이야말로 아무것도 존재하지 않는다는 사실을 숨긴다.
시뮬라크르는 참된 것이다.
- 장 보드리야르(프랑스의 철학자·사회학자)

가상현실이 목표이자 방법

영화 분야에서는 가상현실을 목표이자 방법으로 사용하는 영화들이 오래전부터 시도되었다. 물론 영화 이전에 원작이 있는 경우 SF 소설이 먼저였다고 할 수 있겠지만, 가상현실을 시각적으로 구현해주었다는 점에서는 영화야말로 가상현실을 가장 극명하게 보여주었다고 할 수 있다. 영화에서 가상현실을 다루는 방식은 다음과 같이 몇 가지 유형으로 나누어볼 수 있다.

가상현실이 영화의 내러티브 속으로

첫째는 가상현실이 기술적인 도구를 통해 직접적으로 영화의 내러티브 속에 등장하는 유형을 들 수 있다. 대개는 근미래 혹은 시기를 알 수 없는 때에 가상현실이 등장하고 이 가상현실을 통해서 주인공이 여러 영화적 요소와 줄거리를 이어가는 형식의 영화들이다. 이 경우 관객들은 가상현실이라는 주제를 미리 인식하고 있기 때문에 영화에서 전체 줄거리의 프레임과 가상현실의 프레임은 구별이 쉽다. 이런 유의 영화는 가상현실을 기술적으로 실현시킨 근미래를 시간적 배경으로 다루는 경우가 많다. 대표적으로 〈토탈 리콜(Total Recall)〉, 〈매트릭스(The Matrix)〉, 〈블랙 미러(Black Mirror)〉, 〈레디 플레이어 원(Ready Player One)〉 등의 영화들을 들 수 있다.

이들 영화에서는 요즘에 일상화된 헤드 마운티드 디스플레이(Head-mounted Display)를 뒤집어쓰거나, 뾰족한 침을 목뒤에 꽂아 넣거나, 서버와 연결하는 간단한 기계장치를 귀밑에 붙이거나 하는 방식을 통해 가상현실과 현실세계를 구분하고 있다. 가상현실로 들어가는 순간 새로운 세계로 진입하게 되며, 가끔 가상세계에서 일어난 일이 현실세계에도 영향을 미치는 상태가 나타나기도 한다. 이들은 우리가 최근에 익숙해지기 시작하고 있는 기술들의 진화된 모습으로 볼 수 있다.

▎현실이 된 가상현실 테마파크

둘째는 마치 테마파크와 같이 실제공간이긴 하지만 현실세계와는 확연하게 다른 세계를 체험하게 하는 방식의 가상현실세계가 등장하는 방식이다. 대표적으로 〈웨스트월드(Westworld)〉나 〈쥬라기 공원(Jurassic Park)〉 같은 영화들이 이러한 유형에 해당하는데, 이들은 영화상에서는 현실세계로 구현되기는 하지만, 한정된 공간에 구현됨으로써 현실세계와는 다른 새로운 세계를 구현하고 있다.

이들 가상세계는 실제공간으로 인식된다는 점에서 순수한 가상세계와 구별되기는 하지만 현실세계와는 엄연한 차이를 가지고 있고, '얼마나 더 현실적으로 보이는가'를 가지고 기술적 우월성을 보여준다. 가끔 이러한 유형의 가상세계는 실제 현실공간에서 구현된 것이 아니라 등장인물이 꿈속에서 경험하는 것이라는 식으로 트릭을 부여하기도 한다.

가상현실이 곧 현실세계

셋째는 그야말로 가상현실만 등장하는 방식이다. 관객은 이 영화의 내용이 현실세계가 아니라 가상세계에서 이루어지는 것을 알고 있다. 〈반지의 제왕(The Lord of the Rings)〉, 〈왕좌의 게임(Game of Thrones)〉, 〈해리 포터(Harry Potter)〉, 마블 스튜디오와 DC 코믹스의 히어로 같은 유형의 영화들에서 등장하는 세계관은 가상세계는 아니지만(일견 현실세계의 역사와 비슷하거나 혹은 마치 우리는 모르지만) 마법의 세계가 현실세계와 병행하고 있다는 식의 이야기 구조를 통해서 나름의 세계관을 구축한다.

〈반지의 제왕〉이나 〈왕좌의 게임〉 같은 유형의 영화들은 마치 고대 지구에서 등장했을 수도 있는 느낌을 강하게 제시하고 이를 바탕으로 서사를 끌어가고 있으며, 〈해리 포터〉의 내용은 현실세계 어딘가에 우리 인간(머글)들은 모르는 마법의 세계가 같이 병치되고 있다는 세계관을 형성했으며, 히어로 영화들은 현실세계에는 없지만 어딘가 있기를 바라는 판타지를 실현하고 있다.

가끔 이러한 히어로 영화들은 정말 현실적인 주인공들이 등장하면서 실제 현실세계에서도 있을 수 있는 히어로 영화를 표방하고 있다. 즉 〈더 배트맨(The Batman)〉, 〈킥 애스(Kick-Ass)〉와 같은 영화들은 너무도 현실적이고 인간적인 능력의 한계를 가지고 있는 히어로들이 등장함으로써 가상세계이기는 하지만 관객으로 하여금 실제세계에서도 일어날 법한 일들로 이야기를 끌어간다.

이처럼 영화에서 가상세계를 다루는 방식은 가상세계와 현실세계를 구분 짓는 경계선을 기준으로 위의 3가지로 나누어볼 수 있다. 각각의 영화 안으로 들어가서 더 구체적으로 가상현실세계를 살펴보자.

〈토탈 리콜〉, 무엇이 꿈인가?

█ 꿈을 판매합니다

　1990년에 만들어진 영화 〈토탈 리콜(Total Recall)〉은 필립 K. 딕 (Phillip Kindred Dick)의 소설 『도매가로 기억을 팝니다』를 기반으로 해서 만들어진 SF 영화였다. 연출은 당시 영화 〈원초적 본능(Basic Instinct)〉을 성공시킨 폴 버호벤 감독이었고, 근육질 액션스타로 유명했던 아널드 슈워제네거와 〈원초적 본능〉의 주인공이었던 샤론 스톤이 등장하는 것만으로도 기꺼이 영화관에서 줄을 서게 했던 영화였다.

　영화의 배경은 화성을 개발하기 시작했고, 꿈을 통해 자신의 이상 향을 실현시켜주는 '리콜'이라는 가상현실 서비스가 등장한 근미래

다. 주인공 더클러스 퀘이드(아널드 슈워제네거 분)가 화성에서 광물을 채취하면서 산소공급권을 독식하고 있는 악덕 기업주와 빌런들을 제거하고, 화성을 사람들이 살기 좋은 곳으로 바꾸는 외계인들의 장치를 가동시키고, 고통받던 노동자들을 해방시킨다는 줄거리를 가지고 있다.

　단순해 보일 수 있는 줄거리에서 가장 큰 스포일러는 '토탈 리콜'이라는 제목이었다. 즉 기억을 주입받는 리콜이라는 방식의 가상현실이 등장하기 때문에 당시 화성에서의 경험이 혹시 모두 가상현실의 내용이 아닌가 하는 점이었다.

　물론 감독은 치밀하게 화성에서의 사건들이 현실세계임을 보여주는 장치(주인공의 추궁에 땀을 흘리는 과학자라거나 주인공이 맞이하는 과거의 자기가 찍어놓은 영상메시지)를 통해 관객을 끊임없이 헷갈리게 하고 있다. 영화를 보고 있는 관객 모두가 주인공의 꿈(가상현실)을 보고 있는 것이라는 트릭 말이다.

무엇이 꿈인가?

영화를 다 보고 나서도 궁금해지는 것은 내가 본 것이 주인공의 꿈속 이야기인지, 실제 이야기인지 하는 것이다. 즉 가상현실과 현실세계 사이의 관계를 모호하게 함으로써 관객들로 하여금 궁금증과 관심을 불러일으키게 했다.

그렇지만 DVD SE버전에서 감독 코멘터리를 통해 감독은 "영화의 중반 이후 모든 영화 내용이 리콜사가 주입한 기억이며, 이후 영화의 내용은 모두 주인공의 꿈을 보고 있는 것"이라고 입장을 취함으로써 논란을 마무리했다. 그렇지만 그 이후로도 수많은 영화평론가와 관객들은 이 부분, 영화의 내용 중 화성에서의 줄거리가 가상세계인지 현실세계인지 논란을 이어갔다.

〈매트릭스〉, 현실과 가상의 모호

가상현실을 배경으로 한 아포칼립스

가상현실을 다루는 영화 중 충격적인 비주얼과 세계관을 통해 영화사에서 빼놓을 수 없는 영화는 〈매트릭스(The Matrix)〉 3부작을 들 수 있다.

이 영화의 1편은 1999년 3월 31일에 미국에서 처음으로 개봉했는데, 한 화면을 360도 방향에서 동시에 찍어서 멈춤 동작을 360도 방향에서 보는 것과 같은 플로모션 기법이나, 포스트 아포칼립스 상황에서 기계에게 지배되는 인간세계가 가상세계 시뮬레이션에 의해 지배되고 있다는 독특한 세계관으로 유명하다. 뿐만 아니라 영화 곳곳에 숨어 있는 철학적 사유로 많은 마니아층을 형성하기도 했으며,

〈매트릭스〉의 360도 촬영 장면   출처: CineD

1999년이라는 세기말적인 상황을 가장 잘 보여주는 작품으로 평가 받았다.

이 영화의 배경은 2199년으로 인공지능 컴퓨터가 지배하는 세계다. 인간은 인공적으로 수정되고, 태어나면 바로 기계들이 만든 장치를 통해 인공지능의 연료가 되는 에너지를 사용하는 데 이용되고, 수많은 케이블로 연결된 장치를 통해 마치 1999년 당시 현실세계에서 거주하고 있는 것 같은 가상현실을 평생 보면서 살아가는 세계관을 바탕으로 하고 있다.

삭막한 현실세계에 비해 가상세계에서는 일상 속에서 체제에 반기를 들고 있는 해커집단이 있고, 이들 해커들은 나중에 현실세계에서도 기계와 인공지능에 반기를 든 인류 해방군으로 등장한다. 키아누 리브스가 주연한 '토마스 앤더슨'은 '네오(NEO)'라는 이름으로 등장하면서 예언에 등장하는 인류를 기계로부터 해방시킬 '그(the One)'로 성장하고 결국 인류를 기계로부터 해방시키는 내용을 담고 있다.

가상현실과 현실세계의 경계

영화에서 가상세계에서 현실세계로 빠져나오는 과정은 빨간약을 먹으면서 기계와 연결된 인간 건전지들 속에서 네오를 구출해내는 방식을 가지고 있고, 현실세계에서 가상세계로 들어가는 방식은 머리 뒤에 꼬챙이를 꽂아 넣는 것을 통해 이루어진다. 이 과정은 가상세계와 현실세계가 서로 분리되어 있음을 의미하고 있지만, 영화의 2편 이후에는 가상세계에서 가능했던 슈퍼맨과 같은 능력을 현실세계에서도 사용하게 되면서 가상세계와 현실세계의 경계가 모호해지기 시작한다.

이 영화에서 보여주고 있는 현실세계는 기계에 의해 지배되는 끔찍한 상황이고, 오히려 사람들은 가상세계에서 정상적으로 생활하고 있는 상황이다. 영화의 등장인물 중 하나였던 사이퍼는 가상세계에서 현실세계로 넘어온 저항군 중 하나였지만, 이후 끔찍한 현실세

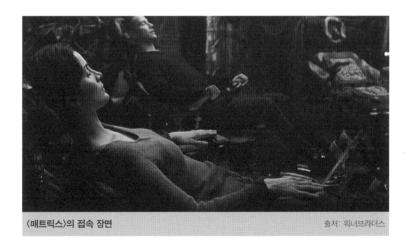

〈매트릭스〉의 접속 장면　　　　　　　　출처: 워너브라더스

계에서 사는 것보다는 가상세계에서 편하게 사는 것을 선택하며 동료들을 배신하게 된다. 이 사건은 이 영화에서 중요한 메시지를 전달하고 있는데, '암울한 현실과 이상적인 가상 중에 무엇을 선택할 것인가'라는 것을 관객들에게 묻고 있는 것과 같다.

〈블랙 미러〉, 근미래에 일어날 일들

곧 닥칠 가까운 미래

〈블랙 미러(Black Mirror)〉는 영국에서 제작한 드라마다. 작품 한 편 한 편이 독립적인 이야기를 다루는 옴니버스식 구성을 가지고 있으며, 넷플릭스를 통해 제공되고 있다. 원래 이 작품은 영국의 지상파 TV 채널인 Channel 4에서 2011년 12월 18일부터 방영중인 영국 드라마였으며, 풍자 코미디언이었던 찰리 브루커가 제작했다.

2개의 시즌 이후 2016년 10월 시즌 3부터는 넷플릭스를 통해 제공되고 있다. 이후 블랙 미러의 제작프로덕션이었던 엔데몰(Endemol Shine)에서 프로듀서와 수석작가가 이직하면서 현재 추가 제작은 없는 상태이지만, 독특한 세계관과 옴니버스 방식임에도 같은 세계관을 공유하고 있는 방식, SF이면서 근미래를 다루고 있다는 점에서 이 작품은 SF마니아들 사이에서 매우 유명했다.

한편 이 작품의 주제의식이 매우 특이한데 각각 독립적인 이야기를 다루긴 하지만, 모두 근미래를 배경으로 하고 있으며, 기술적·과학적 진보가 가져오게 될 윤리적·사회적 논란에 대한 내용을 다루고 있다. 때로는 정치적 이슈를 다루기도 하고, 근미래에 일어날 법한 스릴러를 다루기도 하며, 기술의 진보가 인간사회에서 관계를 어떻게 변화시킬 것인가에 대해 다루기도 했다.

여러 에피소드 중에서 몇 개는 가상세계를 다루고 있다. 가상세계에 접속하는 방식도 각 에피소드에서 비슷한 방식을 취하고 있는데, 귀밑에 작은 단추 같은 장치를 붙이는 것만으로도 신경망과 네트워크가 연결되면서 VR 가상세계에 접속하게 된다. 때로는 가상현실 게임의 형식으로 등장하고 다른 방식으로는 현실을 도피하는 가상세계의 상황으로 나타나게 되는데, 이들 에피소드에서 현재보다 발

〈블랙 미러〉에 등장하는, 간단히 붙이는 방식의 VR기기   출처: 넷플릭스

전한 방식의 VR이 동일한 규격을 가지고 있다는 것은 이 드라마가 동일한 세계관을 공유하고 있음을 보여준다. 이들 중 대표적인 에피소드에 등장한 가상세계에 대해 살펴보자.

▌'스트라이킹 바이퍼스' 에피소드

'스트라이킹 바이퍼스(Striking Vipers)'는 시즌 5의 첫 번째 작품으로 가상현실을 통해 만나는 이성과의 관계가 현실세계의 관계와 차이가 있는지를 묻는 질문을 담고 있다.

주인공인 대니와 칼은 어렸을 때부터 비디오 격투게임을 하면서 컸는데, 성인이 된 어느 날 일반적인 가정을 이루고 있는 대니의 생일날에 혼자 욜로(YOLO, You Only Live Once)적 삶을 살고 있는 칼은 어렸을 때 했던 비디오 게임 방식보다 훨씬 진보한 VR 방식의 게임 선물을 하게 된다. 이들은 성인이 되어서 VR 격투게임을 통해 게임 속 가상현실 속에서 어렸을 때 했던 게임을 하게 된다.

이 VR 게임에서는 각각 남성캐릭터와 여성캐릭터를 선택해서 격투를 하다가 2차원 격투게임에 비해 너무도 현실적인 가상현실 속에서 사랑을 나누게 된다. 둘 다 남자였지만 가상현실세계에서는 남자와 여자로 만났으며, 너무 현실적인 가상현실 속에서 성별을 바꾸어서 이상한 형태의 외도를 하게 된 것이었다. 가상세계에서의 관계에 너무 집착하게 된 나머지 현실세계에서 대니는 부인과의 관계를 멀리하게 되고, 결국 VR 게임기를 멀리하면서 다시 현실세계로 돌아오게 되었다.

'스트라이킹 바이퍼스' 에피소드의 한 장면   출처: 넷플릭스

　문제는 여기서부터 시작되는데, 7개월 후 임신을 하게 된 대니의
부인이 칼을 대니의 생일파티에 초대하면서 다시 게임에 접속하게
되고 다시 사랑을 나누게 되고, 칼은 사랑을 고백하기까지 한다. 바
로 이어서 한밤중에 현실세계에서 만난 이후 현실세계에서 입을 맞
추어도 전혀 감흥을 느끼지 못하게 되는 것을 보여주는데, 이로써
현실세계와 가상세계는 구분되어 있음을 확인하게 되었다.

　결국 주먹다짐까지 하고 나서 대니는 부인에게 둘의 관계를 고백
하게 되는데, 대니의 부인은 대니의 생일에 신형 VR기기를 선물하
고 가상세계에서 칼과 대니의 가상세계 속 사랑을 인정하게 되면서
끝을 맺는다. 이는 디지털 시대의 발전을 비판함과 동시에 현실세
계와 가상세계 사이의 사람들의 관계가 서로 완전히 다른 세계 속
에서 중첩이 가능하다는 것을 보여줌으로써 가상세계의 가능성을
보여주었다. 그러면서도 대니의 부인은 대니가 가상세계에서 다른
이성(사실은 현실세계의 동성친구)과 사랑을 나누는 시간에 현실세계에

서 실제 이성과 사랑을 나누는 것을 암시하면서 또 한 번의 반전을 보여주었다.

물론 VR 게임을 기반으로 한 가상세계와 현실세계의 구분을 보여주고 있는 에피소드였지만, 현실세계에서 이러한 일이 일어났다면 분명 문제가 생길 수 있는 상황을 가상세계와 현실세계를 분리함으로써 가능할 수도 있음을 보여주는 에피소드라고 할 수 있다.

▌'샌 주니페로' 에피소드

'샌 주니페로(San Junipero)'는 시즌 3의 네 번째 에피소드로서 현실세계와 가상세계의 관계를 사후세계와도 연결시키는 내용을 다루고 있다.

순진해 보이는 요키라는 젊은 여성은 클럽에 들어가서 난생 처음으로 켈리라는 자유분방해 보이는 젊은 흑인 여성을 만나게 되면서 점차 클럽 분위기에 적응해가기 시작했다. 약간씩 어색한 분위기가 있기는 하지만, 단지 느낌 탓으로 생각하고 나서 12시가 다가오면서 켈리는 서로 사랑을 나누기로 유혹을 한다. 물론 요키는 결혼을 약속한 남자가 있는 것으로 나오면서 사랑을 나누는 것을 거부한다.

그렇지만 일주일 이후 켈리를 다시 만나러 요키가 클럽으로 가게 되고, 요키와 켈리는 격렬하게 사랑을 나누게 된다. 켈리는 남편이 있었지만, 이미 사망한 것으로 나온다. 또 일주일 후에 요키는 켈리를 만나러 가지만, 그곳에는 켈리가 없었다.

여기까지는 일반적인 다소 야한 영화가 아닌가 생각하게 되지만,

'샌 주니페로' 에피소드의 한 장면

이후 황당한 변화가 시작된다. 일주일 후에는 1996년, 또 일주일 이후에는 2002년의 클럽으로 가서 켈리를 만나게 된다. 이쯤 되면 관객들은 뭔가 이상하다는 것을 느끼기 시작한다.

시간이 변화한다니? 역시 가상현실세계였다. 켈리는 할머니인 상태였고, 요키는 더 깜짝 놀랄 상태였는데 무려 40년 동안 식물인간 상태인 여성이었다. 그리고 이들은 샌 주니페로라는 가상현실세계에서 만난 것이었다.

살아 있는 사람은 이 샌 주니페로에 일주일에 5시간만 접속이 가능한 것이었고, 패스오버(죽음)를 통해서 클라우드에 기억을 업로드해서 영원히 가상세계에서 살 수 있는 구조로 되어 있었다. 이 둘은 정말로 사랑하게 되어서 기억을 클라우드에 업로드하고 패스오버하기로 하면서 결혼까지 하게 되었다.

하지만 정작 요키는 식물인간 상태에서 패스오버를 하고, 현실세계에 딸이 있었던 켈리는 시한부 인간이었지만 패스오버하는 것을 망설이게 된다. 시한부 인간이었던 켈리는 그냥 죽을 것인지, 혹은 패스오버를 통해 샌 주니페로로 가서 요키와 영원히 즐겁게 살 것인지를 결정하는 기로에 서게 된다. 이 에피소드에서 결국 켈리는 패스오버를 하기로 결정하고, 가상현실세계에서 사후에도 영원히 살기로 결정하면서 끝나게 된다.

이것은 사후세계, 가상세계를 데이터 클라우드를 통해 실현시킨다는 관점에서 조니 뎁의 〈트랜센던스(Transcendence)〉나 〈엑스 파일(The X-Files)〉 시리즈의 한 에피소드와 비슷한 내용을 담고 있다. 그렇지만 '가상현실세계와 현실세계 중 어느 것을 선택하는가'에 대한 질문을 던지고 있다는 점에서 가상현실세계에 대한 새로운 관점을 제시하고 있다.

▌'USS 칼리스터' 에피소드

'USS 칼리스터(USS Callister)'는 시즌 4의 첫 번째 에피소드다. 이 에피소드는 현실세계에서 사회적으로 주변과 어울리지 못하는 주인공이 가상현실을 통해서 영웅과도 같은 역할을 하는 것을 기발한 아이디어로 그리고 있다.

데일리는 VR 게임을 만든 회사에서 기술자로 활동하고 있으며, VR 게임을 만든 대표 개발자에 해당했다. 그렇지만 현실세계에서 데일리는 여자 직원들에게 말도 못 걸 정도로 내성적이면서 동업자나 부하 직원들에게 무시당하기 일쑤인 생활을 하고 있었다.

데일리의 유일한 낙은 퇴근해서 본인이 만든 가상현실세계에서 회사에 실제로 있는 캐릭터들과 동일한 형태로 시뮬레이션되어 있는 가상현실 캐릭터들을 휘하에 두고 우주 함선인 USS 칼리스터에서 마치 〈스타 트렉〉과 같은 모험을 하고 있는 것이었다. 이 가상현실에서 현실세계의 (소위 말해) 찐따였던 데일리는 훌륭한 외모와 막강한 권력뿐만 아니라 신체적 능력을 갖추고 있으면서 현실세계에서 자기를 무시했던 캐릭터들에게 폭력을 행사하며 지내고 있는 자기만의 왕국에 군림한 왕이었다.

어느 날 현실세계에서도 자기를 좋아해주는 인턴 여직원 나넷 콜이 들어오면서 이야기가 시작되는데, 나넷 콜은 VR 게임을 개발한 데일리를 우상처럼 바라봤지만 이마저도 동업자인 회사대표에게 관심을 빼앗기게 되고, 회사 동료들이 콜에게 데일리의 험담을 하게 되면서 변화가 시작된다. 결국 이 여직원의 DNA를 바탕으로 여직원도 가상세계에 복제되어 USS 칼리스터 호에 승선하게 된다.

문제는 여기서부터 시작된다. 이 찐따 같은 주인공은 가상세계에

'USS 칼리스터' 에피소드의 한 장면　　　　　　　　출처: 넷플릭스

만들어진 현실세계를 복제한 캐릭터들을 자기만의 세계에 가두고 함부로 대하는데, 인턴 여직원 콜이 들어오기 전까지는 이들은 모두 데일리의 전지전능한 능력에 굴복하고 순종하고 있었다. 그렇지만 콜은 이러한 가상세계의 상황을 참지 못하고 개선하기 위해 모종의 노력을 하게 된다.

그녀는 현실세계와 가상세계의 연결고리를 찾아내고, 이를 통해 가상세계의 캐릭터들을 협박하는 데 활용했던 직원들의 DNA를 데일리의 현실세계 집에서 가지고 나오는 데 성공한다. 그러고 나서 이들은 데일리가 만든 가상세계의 자기들을 삭제하기 위해 우주의 웜홀 쪽으로 USS 칼리스터 호를 몰고 가게 된다. 결국 이들은 성공하게 되었는데, 우주에 혼자 남게 된 데일리는 현실세계에서도 VR에서 빠져나오지 못하고 코마상태로 삶을 마무리하는 것으로 에피소드가 종료된다.

가상세계와 현실세계의 경계선이 연결될 수 있다는 점을 보여준다는 측면에서 이 에피소드가 제안하는 방식은 매우 흥미롭다. 또한 가상세계에서 빠져나오지 못하면 현실세계에서도 삭제된다는 것을 보여주고 있다.

<레디 플레이어 원>, 게임의 가상세계

▌게임의 가상세계

　가상현실세계를 게임을 통해서 극명하게 보여주고 있는 영화는 〈레디 플레이어 원(Ready Player One)〉을 들 수 있다. 〈레디 플레이어 원〉은 스티븐 스필버그가 제작과 감독을 맡아서 2018년 3월 29일에 개봉한 영화로, 어니스트 클라인(Earnest Cline)이 쓴 동명의 소설 『레디 플레이어 원』을 바탕으로 한다.

　영화 속의 배경은 '오아시스(OASIS)'라는 가상현실 게임이 지배하는 2045년의 미래시대다. 이 영화는 현실세계와 가상세계의 극명한 대조, 가상세계에서 현실세계의 비참함을 극복할 수 있는 구조, 가상세계와 현실세계 간의 연결고리 등이 등장하는 전형적인 줄거리를 다루고 있다.

제목인 '레디 플레이어 원'은 1980~1990년대 2인용 비디오게임에서의 '플레이어 1 준비하라'는 메시지를 의미하는데, 즉 가상현실로 진입하는 순간을 의미한다고 할 수 있다. 이 영화의 내용은 그래픽상에서 극명하게 구별되는 가상세계와 현실세계의 차이점으로 관객들은 영화의 시작부터 가상세계와 현실세계를 구분하지 못하는 경우는 없다는 점에서 가상현실을 다루는 여타의 영화들과는 차이가 있다.

영화의 줄거리는 다음과 같다. 2045년 다소 암울한 현실과 달리 가상현실 오아시스에서는 누구든 원하는 캐릭터를 선택해서 현실세계와는 다른 삶을 살 수 있으며, 상상하는 것들이 이루어지기 때문에 많은 유저들을 보유하고 있는 대표적인 VR 게임이라고 할 수 있다. 주인공 파시발도 현실세계에서는 그다지 특별할 것이라고는 없는 평범한, 굳이 구분하자면 중산층 이하의 계층으로 예상되는 청소년이었는데, 오아시스를 통해서 본인의 현실세계 삶과는 다른 삶을 살고 있는 것으로 나온다.

〈레디 플레이어 원〉의 한 장면   출처: 워너브라더스

그러던 중에 오아시스의 창시자였던 천재 제임스 할리데이가 유언을 남기고 죽게 되는데, 가상세계 속에 자기가 숨겨놓은 3개의 미션에서 우승하게 되면 오아시스 게임의 소유권과 막대한 유산을 상속하겠다는 내용이었다. 이에 주인공이 역경을 거치면서 결국 3개의 수수께끼를 풀고 숨겨놓은 이스터에그를 찾으면서 영웅이 되는 내용을 다루고 있다.

전형적인 성장영화이면서 히어로물과 비슷한 이야기 구조를 가지고 있다. 하지만 곳곳에 숨어 있는 1980년대 문화향수를 자극하면서 흥행에 크게 성공했다.

현실세계와 가상세계

이 영화에서는 가상현실 게임을 조직적으로 하는 기업 IOI가 나오는데, 가상현실의 경제구조가 현실세계의 자산으로 치환될 수 있음을 보여주고 있다. 최근에 점차 가상현실에서의 NFT나 자산들이 등장하고 있으며, 가상화폐와의 연결로 확산되는 추세를 보여주고 있는데, 가상현실과 현실세계의 경제시스템이 융합되기 시작하는 것을 의미한다고 할 수 있다.

이 IOI란 회사에 채용된 사람들은 조직적으로 게임상의 가상세계에 접속해 일을 하고, 이를 통해 현실세계에서의 부를 축적하는 데 활용하고 있다. 이러한 점은 가상세계에서의 경제시스템이 현실세계의 체계에 변화를 줄 수 있음을 의미한다. 현재는 아무래도 현실세계의 실제 화폐가 가상세계에서의 사이버머니로 치환되는 구조만

마인크래프트 게임 스틸컷   출처: 마인크래프트

있고, 그 반대는 음성적으로 거래되는 게임 아이템들이 대부분이지만, 이러한 시장이 확장될 수 있음을 보여주고 있다.

현실세계에서 가상세계로 진입하는 이 영화 속 테크놀로지는 미래임을 감안했을 때 다소 전통적인 방식을 그대로 사용하고 있다. 이 점에서는 앞서 소개한 영화 〈블랙 미러〉의 방식이 〈레디 플레이어 원〉보다 더 혁신적이었다고 할 수 있다. 지금도 사용하고 있는 HMD를 30년 후에도 그대로 사용하고 있다는 점이 그것인데, 대신 웨어러블 디바이스를 통해 시각뿐만 아니라 촉각과 여타의 감각까지도 구현하고 있는 점은 특이하다.

가상세계에 진입하면서 처음 등장하는 게임장면이 메타버스 게임으로 유명한 마인크래프트(Minecraft)인 것도 매우 흥미롭다.

▌게임 캐릭터들의 상징성

이 영화에 관객들과 영화평론가들이 호평을 쏟아낸 것은 사실 줄거리보다는 가상현실에 등장하는 1980년대 레트로 감성과 문화아이콘들 때문이었다. 현실세계에서는 이미 지나간 것들이었지만, 가상현실에서는 각기 다른 시간적 등장배경을 가지고 있는 이들 아이템들이 서로 크로스오버되면서 나타날 수 있음에 비명을 질러댔다.

이 영화에는 수많은 기존의 영화와 게임 캐릭터들이 등장했는데, 카메오로 등장한 것까지 포함한다면 배트맨을 비롯한 히어로들과 킹콩과 고질라, 건담에 철인28호, 처키와 아키라, 온갖 게임 캐릭터까지 이미 관객들의 추억을 가상현실세계에 소환하면서 현실세계에서는 불가능한 것들이 실현되었다. 그야말로 가상현실의 가능성을 보여준 덕후들의 영화다.

<프리 가이>, 가상세계의 가상인물

가상세계의 가상인물이 각성했을 때

〈프리 가이(Free Guy)〉는 2021년 월트디즈니에서 배급한 영화로, 숀 레비가 감독을 맡았으며 라이언 레이놀즈가 주인공으로 출연한 영화였다. 게임 속 가상현실을 다루는 여타의 영화들과 차이점이 있는데, 가상현실 게임을 다루는 다른 영화들의 경우 현실세계의 실제인간이 운영하는 아바타들이 이야기를 끌어가는 데 비해 이 영화에서 라이언 레이놀즈는 실제인간이 운영하는 아바타가 아니라 가상세계 속에 만들어진 컴퓨터상의 가상인물 NPC(Non-player Character)라는 점이다.

배경은 총과 폭탄이 날아다니고 갱단과 경찰이 쫓고 쫓기는 게임 속 가상도시 '프리시티(Free City)'이며, 주인공 가이(라이언 레이놀즈 분)는 은행에서 일하는 평범한 캐릭터로 나온다. 일반적으로 가상현실을 다루는 영화의 경우 이런 주인공은 현실세계 속 현실인간이 VR기기를 쓰고 가상세계에 들어와서 활동하는 아바타가 주인공인 경우가 많았지만, 이 영화는 가상세계 속의 가상인간이 자의식을 가지게 되면서 이야기를 이끌어가는 주인공으로 등장하는 차이점이 있다. 마치 가상세계 속의 인물이 현실세계에 영향을 주는 것이라고나 할까?

가상세계의 가상인물이 이끌어가는 현실세계

라이언 레이놀즈가 연기하는 가이는 매일 동일한 생활을 하고 있다가 어느 날 자신이 근무하던 은행에 강도가 들이닥치자 평소처럼 바닥에 엎드려 있었는데, 우연한 기회에 강도가 쓰고 있던 선글라스(아마 현실세계 속 게임 유저가 쓰고 있는 VR기기를 나타내는 것일 것이다)를 쓰게 되면서 완전히 새로운 경험을 하게 된다.

이 경험을 통해 본인이 실제인간이 아니라 가상세계에 만들어진 가상인간이며, 실제인간들이 VR기기를 통해 들어와서 움직이는 아바타들의 게임을 돕기 위해 엑스트라처럼 그냥 무심히 지나가기도 하고, 이야기를 이끌어가는 것을 도와주는 조연이 되기도 한다는 것을 알아챘다. 이후 조연에 불과했던, 인공지능으로 만들어진 가상인간인 가이가 전체 게임 속 이야기를 끌어가며, 실제인간이 운영하는 아바타와 함께 소통하면서 미션들을 해결해나간다.

가상세계라는 것을 인식하는 프리 가이　　　　　　　　　출처: 월트디즈니

　재미있는 것은 가이가 현실세계와 접속하는 선글라스를 쓰게 된 계기가 매력적인 여주인공을 보기 위해서였고 여주인공은 정작 실제인간이었다는 점이었다. 가상세계의 캐릭터가 현실세계의 실제인간을 마음에 두게 되면 어떻게 될까?

　이후 가이는 이 가상세계에서 여러 사건을 해결하거나 다른 인간(현실세계에서 들어온 아바타)의 게임을 도와주면서 높은 레벨을 얻은 영웅이 되는데, 반면에 실제인간들이 운영하는 실제 플레이어들은 폭력으로 난무했던 행동을 반성하기 시작한다. 이 결과로 게임 개발사는 게임 속 사람들의 폭력이 줄어들게 되자 게임을 다시 리셋하고 가이를 없애려고 했지만, 결국 가이는 게임 속의 모든 NPC들이 자기와 같은 인공생명체가 되어서 게임 속에서 살아가는 것을 성공하게 된다. 이후 새로 만들어진 세계에서는 정말 현실세계와 같이 게임 개발사가 만들어놓은 시나리오가 아닌 게임 속 가상인간들, 인공지능생명체들이 원하는 대로 살아가는 가상세계를 만드는 것으로 영화는 끝나게 된다.

월트디즈니의 영화로 매우 밝은 분위기의 코미디 영화였지만, 가상세계가 현실세계에 거꾸로 영향을 주고 가상세계의 캐릭터가 현실세계의 캐릭터를 이끌어간다는 점에서 기존의 영화들에서 그려진 가상현실과는 차이점이 있었다. 가상현실 속 실제인간 캐릭터와 가상의 인공지능 캐릭터들은 어디까지 소통할 수 있을까?

⟨쥬라기 공원⟩, 현실 같은 가상

▌현실 같은 가상세계

　앞선 영화들은 현실세계와 가상세계의 차이에 있어서 가상세계는 실제로는 있지 않고 누군가의 사유 속이나 허구 속에서만 존재한다는 점이 있다. 따라서 예외가 일부 있기는 하지만, 가상세계에서 등장인물이 죽더라도 현실세계에는 영향을 주지 않는 경우가 많았다.

　그렇지만 지금부터 소개하는 가상현실의 세계들은 가상세계 역시 현실세계와는 다르지만, 새로운 세계라는 측면에서 또 다른 현실세계와 같은 가상세계라고 할 수 있는 유형이다. 그중에서 대표적인 영화는 ⟨쥬라기 공원(Jurassic Park)⟩ 3부작과 그 후속편인 ⟨쥬라기 월드(Jurassic World)⟩ 3부작이다.

〈쥬라기 공원〉은 1993년에 개봉한 미국의 SF 어드벤처 영화로 마이클 크라이튼(John Michael Crichton)이 지은 동명 소설 『쥬라기 공원』을 원작으로 하고 있으며, 스티븐 스필버그 감독이 연출하고 원작자인 마이클 크라이튼과 데이비드 켑이 각색을 했다. 이 영화를 시작으로 세 편의 영화들이 모두 흥행에 성공하면서 컴퓨터 그래픽 기술의 진일보와 유전공학에 대한 관심을 확장시키는 데 기여했다. 특히 이 영화는 테크놀로지를 가장 테크놀로지스럽게 보여주었던 터미네이터 유의 영화와는 달리 '테크놀로지를 어떻게 숨기고 현실과 동일하게 만들 수 있느냐'를 가지고 기술적 진보를 보여주면서 컴퓨터 그래픽 기술의 새로운 기원을 마련했다.

영화의 줄거리는 다음과 같다. 코스타리카 서해안의 한 외딴섬에 테마파크인 '쥬라기 공원'이 만들어졌는데, 이 공원은 쥬라기 시기에 공룡의 피를 빨아먹은 상태로 박제된 모기에서 DNA를 추출하고 이에 부족한 부분은 현재의 양서류와 파충류 등의 DNA와 결합하면서 만들어진 새로운 공룡들이 활보하는 곳이었다. 당연하게도 이 공원의 관리시스템은 망가지고 풀려난 공룡들, 특히 티라노사우루스를 포함한 육식공룡들이 등장인물을 공격하는 액션장면들이 등장하고, 마침내 인간의 잘못된 욕망과 자신의 과신이 인류를 위험하게 했다는 메시지를 제시하면서 마무리된다.

이 영화의 구조를 이끌어가는 중요한 세 명의 인물인 앨런 그랜트 박사, 앨리 새틀러 박사, 이언 맬컴 박사는 각각 이 작품의 주제의식을 보여주고 있다. 그랜트 박사는 현실세계에 다시 구현된 공룡들에 대해 경외감을 가지고 있는 반면, 맬컴 박사는 현실세계에 다시 시

〈쥬라기 공원〉의 한 장면

출처: 유니버설픽처스

뮬레이션된 공룡들에 대해 원래의 자연이 가지고 있는 방향성을 무너뜨리는 위험한 행위로 규정짓고 있다. 각각 가상으로 만들어진 세계에 대해 인정하는 측면과 부정하는 측면을 대표적으로 상징하고 있다고 할 수 있다. 이에 비해 새틀러 박사는 본인이 임신을 못 하는 (재창조할 수 없는) 상황임에 대해 공룡들은 스스로 재창조할 수 있는 상황임을 극명하게 대조하면서 가상으로 만들어진 주체들이 오히려 현실세계의 본인보다 우월하다는 것을 상징하고 있다.

〈쥬라기 공원〉의 오리지널 3부작은 그 공간적 배경이 대개는 고립된 섬에 형성된 테마파크를 대상으로 하기 때문에 이 테마파크 자체를 하나의 현실로 실현된 가상세계라고 볼 수 있다. 2편에서는 이 테마파크에서 티라노사우루스를 미국 대륙으로 싣고 오는 장면이 있지만, 공룡의 세계와 인간들의 세계는 분리되어 있는 것을 기본으로 하고 있다. 따라서 이 테마파크에 오는 관람객들은 마치 디즈니랜드에 오는 것처럼 새로운 경험을 하기 위해 오는 것과 같고 '이것을 VR기계로 경험하느냐, 실제 경험하느냐'의 차이만 있을 뿐이다. 그렇지만 현실세계와 쥬라기 공원의 세계는 분리되어 있기 때문에 이들 간의 간섭은 크지 않은 편이다.

▌현실세계 속으로 들어온 가상세계

그렇지만 〈쥬라기 공원〉 3부작 이후에 2015년에 시작된 또 다른 3부작 〈쥬라기 월드〉는 이 테마파크 세계가 실제세계와 뒤엉키기 시작하는 상황을 보여준다.

〈쥬라기 월드〉 1편에서는 다시 정식으로 쥬라기 공원이 오픈되고, 유전공학자들은 새로운 유전자가 조작된 하이브리드 공룡을 탄생시킨다. 이제는 과거의 공룡을 있는 그대로 시뮬레이션하는 것이 아니라 새로운 방식으로 창조하는 것을 의미한다. 마치 현재 상황을 그대로 시뮬레이션하는 디지털트윈이 전자라면, 새로운 세계를 자유롭게 창조하는 메타버스는 후자를 의미한다.

1편의 줄거리는 쥬라기 공원이 폐장된 이후 22년이 지난 후 사건의 배경이 되었던 이슬라 누블라 섬에 다시 정식으로 쥬라기 공원이 새로 개장하면서 시작한다. 전작 3부작에서는 없었던 2가지가 등장하는데, 인간이 과거의 유전자에 구속받지 않고 새로운 유전자를 자유롭게 섞어서 새로운 공룡을 만들어낸 인도미누스 렉스와, 인간과 교감할 수 있도록 만들어진 벨로시랩터 블루가 그것이었다. 인도미누스 렉스는 가상의 세계가 현실세계에서 완전히 새롭게 창조될 수 있음을 보여주고, 벨로시랩터 블루는 이러한 공룡이 현실세계의 인간과 소통할 수 있음을 보여준다.

또한 주인공 역시 과거처럼 인간 주인공 오웬 그레이디와 클레어 디어링이 등장하기는 하지만, 이들보다는 벨로시랩터 블루가 진정한 시리즈의 주인공인 것으로 등장한다. 그렇지만 역시 쥬라기 공원은 인간이 구상한 대로 관리되지 못하고 다시 공룡들의 공격을 받게 되면서 1편이 마무리된다.

2편의 시작에서 드디어 쥬라기 공원의 공룡들은 현실세계로 나아가기 시작하는데, 새로운 공룡들을 무기화하려는 세계 각지의 무기상들이 경매를 통해 공룡들을 사갔고, 이미 유출된 유전공학 기술로 세계 어디에서도 새로운 공룡을 만들어낼 수 있게 된 것이다. 또한 공룡들은 현실세계의 도시와 자연에 등장하면서 마무리되는데, 마치 가상세계에서의 캐릭터가 현실세계에 영향을 주기 시작하는 것과 비슷한 양상이다. 무엇보다 등장인물 중 한 명인 공룡을 만든 회사 회장의 손녀딸 메이지 록우드가 실제인간이 아니라 복제된 시뮬라시옹, 즉 공룡처럼 만들어진 인간이었다는 사실은 실제와 가상의

공룡과 같은 방식으로 만들어진 인간   출처: 유니버설픽처스

경계를 흔드는 또 다른 복선이었다.

이러한 〈쥬라기 공원〉 시리즈는 가상의 세계이지만 실제로 그대로 구현되어 있는 모습이라는 점에서 가상의 이미지로만 구현되는 가상현실과는 차이가 있다. 그렇지만 이들은 실제 구현되었다는 점만 다르지, 이들이 모두 VR을 쓰고 경험한 것이었다면?

다음 TV 시리즈에서는 가상현실과 현실세계의 경계가 정말 모호해지는 모습을 보여준다.

〈웨스트월드〉, 현실과 가상의 혼돈

▌누가 현실이고 누가 가상인가?

〈웨스트월드(Westworld)〉는 HBO에서 2016년 10월부터 방영중인 미국의 공상과학, 서부극, 스릴러가 결합된 장르의 드라마다. 원작은 앞서 『쥬라기 공원』을 집필한 마이클 크라이튼이 각본 제작을 맡았던 1973년 동명의 영화를 바탕으로 조너선 놀런(Jonathan Nolan)과 리사 조이(Lisa Joy) 부부가 새롭게 창작했다.

이 작품 역시 가상의 서부시대를 경험할 수 있는 테마파크로 만들어진 웨스트월드라는 공간에 실제인간이 즐기기 위해 참여하면서 거기서 일어나는 여러 가지 사건들을 바탕으로 하고 있다. 서부시대로 시뮬레이션된 테마파크에는 인간과 똑같은 모양의 로봇들이 인간과 뒤섞여서 생활하고 있으며, 이 로봇들이 새로 만들어지고 부서지고 하면서 기억들이 남게 되고, 이들이 인간들에게 반란을 일으켜 결국 테마파크에서도 탈출해서 현실세계로까지 진출하는 내용을 다루고 있다.

드라마 속의 로봇들은 본인들이 로봇이라는 것을 모르고 있으며, 로봇들은 실제 테마파크에서의 기억과 가상으로 시뮬레이션된 기억들이 서로 뒤섞여서 이것이 현실세계인지, 테마파크에서의 상황인지, 정말 가상으로 만들어진 기억인지도 이해할 수 없는 상황들이 이어진다.

그야말로 가상세계와 현실세계가 분리되어 있다가 합쳐지는 상황을 연출하고 있으며, 이 과정에서 인공지능 로봇에 대한 윤리적인 문제, 미래의 테크놀로지, 자아인식에 대한 문제 등 여러 이슈들을 제안하고 있는 작품이었다. 이러한 이슈는 이 작품이 HBO에서 최고 시청률을 기록하게 만들었고, 비평가와 시청자들에게 긍정적인 평가를 받게 했다.

이 드라마의 줄거리는 다음과 같다. 처음에 돌로레스 애버내시가 어느 서부시대 주택에서 잠을 깨면서 시작하게 되는데, 항상 잠을 깰 때는 동일한 음악이 흘러나오면서 깨게 된다. 이는 가상세계에 인공지능 로봇인 가상인간이 로그인하는 것과 동일한 상황이라고 할 수 있다. 그렇지만 돌로레스는 여러 가지 기억들이 중첩되어 보이면서 헛것을 보기도 하고, 예전에 경험한 것 같은 기분도 들고 하면서 괴로워한다.

읍내에는 여러 사람들이 있지만, 이들 중 일부는 테마파크를 즐기

기 위해 온 실제인간들이고 나머지는 인간들과 서부생활을 경험하게 시뮬레이션된 인공지능 로봇들이다. 문제는 인공지능 로봇들이 본인을 인간이라고 생각하고 있으며, 이 로봇들이 인간들에게 죽임을 당하거나 인간들과 모험을 하거나 혹은 성폭행을 당하기도 한다는 것이다.

그렇지만 이런 일이 있고 나면 항상 다시 첫 장면, 동일한 곳에서 동일한 음악이 흘러나오면서 잠에서 깨는데, 아버지가 다른 사람이 되어 있거나 이전 기억과 다른 현실이 흘러가면서 어색해한다. 계속 반복될 것 같은 이러한 상황에서 몇 가지 이상한 점을 통해서 주인공 돌로레스가 마침내 본인이 인간이 아닌 인공지능 로봇이고 이 세계가 현실이 아니라 시뮬레이션된 가상의 공간임을 인식하면서 문제가 나타나게 되고, 쥬라기 공원과 마찬가지로 웨스트월드도 통제력을 잃기 시작한다.

▌ 인간보다 더 인간적인 로봇

　이 과정에서 스토리가 새로운 국면을 맞이하게 되는데, 이 테마파크를 운영하던 어떤 인간은 알고 보니 역시 기계였다거나 다른 기계들도 본인의 자아에 대해 인식하기 시작한다거나 때로는 스토리 중에 일부는 실제 테마파크에서 일어나는 일이 아니라, 가상세계상에서 단지 시뮬레이션되고 있는 기억이었다는 점 등이 밝혀지면서 무엇이 현실이고 무엇이 가상인지, 인간은 무엇이 실제인간이고 무엇이 가상인간인지, 실제인간과 가상인간 중에 어느 쪽이 윤리적인지 등 현실세계와 가상세계 사이에서 아슬아슬한 경계를 왔다 갔다 하면서 줄거리를 이어간다.

　시즌 1의 마지막에 이 테마파크를 만든 로버트 포드가 본인이 창조한 돌로레스에게 총을 맞고 죽으면서 충격적으로 마무리되었고, 이 테마파크에 투자했던 윌리엄이 이 테마파크에서 절대적인 능력을 보여주었던 무법자의 젊은 시절이었다는 것이 밝혀지면서 시간의 흐름도 뒤죽박죽으로 만들어버리는 편집을 통해 현실에서의 과거와 현재, 가상에서의 현실과 기억이 혼재되어버리는 복잡한 구조를 가지고 있다.

　아직 시리즈가 끝나지 않았지만, 이미 기억들이 저장된 장치 몇 개(이것은 그만큼의 자아를 의미한다)를 가지고 현실세계로 나온 돌로레스가 앞으로 현실세계에서 이어갈 에피소드들이 펼쳐질 것으로 예상된다. 그 와중에도 웨스트월드는 그대로 운영되고 있으며, 미래의 인간들은 계속 이 테마파크를 경험하기 위해 오고 있다.

<해리 포터>와 <나니아 연대기>, 현실과 가상의 혼재

▌현실과 가상이 뒤섞인 구조

앞선 작품들이 현실에 구현된 테마파크이긴 하지만 가상으로 만들어진 현실과 실제 현실세계가 명확히 분리되어 있는 구조의 이야기를 다루고 있다면, 이 2개의 세계가 서로 혼재되어 있으면서 서로 영향을 주지 않도록 만들어진 구조의 이야기도 있다. 대표적으로 <해리 포터(Harry Potter)> 시리즈가 여기에 해당하는데, 영화의 주인공인 해리 포터는 현실세계에서 거주하다가 어느 날 본인이 마법사의 일원이라는 것을 알게 되고, 현실세계와 마치 중첩되어 있는 가상세계를 런던의 킹스 크로스 역에 있는 비밀의 9와 3/4 승강장 통로를 통해 들어가면서 이야기가 진행된다.

소설 『해리 포터』는 1997년부터 2016년까지 연재된 영국의 작가 J.K.롤링(Joanne K. Rowling)의 판타지 소설 시리즈로 엄청난 인기와 상업적인 성공을 이끈 작품이다. 이 소설을 원작으로 한 영화 〈해리 포터〉는 2001년부터 워너브라더스에서 영화로 제작되었으며, 총 8편의 영화가 만들어졌다. 이후 〈신기한 동물사전〉이라는 스핀오프 성격의 영화가 만들어지고 있는 상태다.

이 영화의 내용은 마법사 세계에서 선과 악이 싸운다는 내용을 다루고 있지만, 가상세계의 관점에서 주목하는 부분은 인간이 사는 현실세계와 마법사들이 사는 또 다른 현실세계 사이의 관계다. 마법사들의 세계관은 너무 현실적으로 구현되고 있기 때문에 정말 현실이라고 생각하는 사람들도 많고, 실제로 이 책을 읽은 많은 독자들은 마법사의 세계로 가기 위해 정말로 런던의 킹스 크로스 역에 있는 9번과 10번 승강장 사이를 뛰어들어가기도 하고, 역시 마법사 통로로 들어가는 공중전화 박스에 들어가기도 했다.

〈해리 포터〉의 한 장면   출처: 워너브라더스

〈해리 포터〉에 등장하는 경기(퀴디치), 동물들, 사건들은 너무 현실적으로 그려져 이를 별도로 설명하는 해설서까지 있으며, 이들 해설서는 마치 정말 마법세계에서 현실세계로 넘어온 것 같은 상상을 하게 한다. 그렇지만 인간세계와 마법사세계는 절대로 서로 간섭하지 않도록 되어 있으며, 편지를 전달하는 부엉이 정도가 이들을 연결하는 유일한 수단으로 서술된다.

이 작품이 이토록 엄청난 성공을 거두게 된 것은 물론 치밀한 이야기 구조와 줄거리, 많은 등장인물들의 서사 때문이기도 하겠지만, 현실세계와 병치되어 있는 가상의 마법세계를 정말 그럴듯하게 구현한 세계관 때문이라고 할 수 있다.

현실에서 도망가고 싶은 많은 독자들에게 우리가 모르는 가상세계, 그것도 판타지와 권선징악이 예정되어 있는, 환상적인 이야기들과 등장인물들이 있는 세계로 잠시 도피할 수 있다는 것은 굉장한 매력이었음에 틀림없다. 마치 책을 읽거나 영화를 보는 동안은 영화 〈토탈 리콜〉의 행복한 꿈속으로 여행을 하는 기분일 테니 말이다.

▌또 다른 판타지

『나니아 연대기(The Chronicles of Narnia)』는 총 7권으로 구성된, 영국 작가 C.S.루이스(Clive Staples Lewis)의 판타지 아동문학 시리즈다. 이 소설은 앞선 롤링의 『해리 포터』 시리즈, 톨킨의 『반지의 제왕』과 함께 세계 3대 판타지 소설로 꼽힌다.

소설 『나니아 연대기』를 바탕으로 한 영화 〈나니아 연대기〉의 이

야기 구조는 〈해리 포터〉와 유사한데, 제2차 세계대전이라는 암울한 현실세계에 대해 '동물이 말을 하고, 마법이 일상적이며, 선과 악이 대결을 벌이는' 나니아라는 가상의 세계에 영국 출신의 아이들이 떨어져서 벌이는 모험 이야기를 다루고 있다. 차이점은 런던의 기차역이 아니라 옷장을 통해 들어가게 된다는 점이다.

〈나니아 연대기〉는 〈해리 포터〉와 쌍벽을 이루고 있는 영화인 만큼 탄탄한 스토리와 세계관이 구현되어 있으며, 이를 위한 해설서가 있는 것까지 모두 동일하다. 다만 영화 흥행 성적이 〈해리 포터〉에 비해 떨어졌기 때문일까, 영화화는 3편까지만 진행되었지만 이후에도 여러 비슷한 유형의 스토리, 현실세계와 가상세계를 오가면서 만들어지는 이야기 구조들이 등장하게 하는 계기가 되었다.

영화에서의 가상현실, 가능한가?

▌영화에 등장하는 가상현실의 유형

지금까지 가상현실을 다루고 있는 영화들에서 가상현실을 어떻게 다루고 있는지에 따라 3가지 유형으로 나누어서 살펴봤다. 영화 장르, 특히 SF 분야의 영화에서는 가상현실이 자주 다루어져왔으며, 최근에는 VR, 메타버스 등의 기술이 발전함에 따라 이러한 SF 영화들의 실현이 더 가까이 다가왔다.

영화에 등장하는 가상현실은 크게 3가지 유형으로 나눌 수 있다. 첫째는 VR, 인공지능, 첨단 그래픽 기술 등 가상현실이 영화의 이야기 구조 속에 포함되어 있는 방식으로, 〈토탈 리콜〉, 〈매트릭스〉, 〈레디 플레이어 원〉과 같은 유형의 영화들이었다.

둘째는 가상현실로 진입하는 것이 VR과 같은 가상현실 시뮬레이션이 아니라 가상현실을 실제 테마파크 같은 방식으로 구현하고 이것이 현실세계와 분리되어 있는 방식으로, 〈웨스트월드〉나 〈쥬라기 공원〉 같은 유형의 영화들이었다. 이들은 가끔 VR로 구현되는 시뮬레이션과 혼합되는 방식으로 나타나기도 한다.

셋째는 우리가 알고는 있지만 가상세계의 이야기로 새로운 세계관을 만들고 현실세계와는 이격된 또 다른 현실이 구현되는 방식으로, 〈반지의 제왕〉이나 〈해리 포터〉 시리즈 같은 것이 여기에 해당한다.

▌영화에서의 가상현실이 현실에서 가능할까?

그렇다면 영화에서의 가상현실이 현실적으로 가능할까? 우선 첫 번째 유형의 가상현실인 'VR과 웨어러블 디바이스를 사용하는 방식의 가상현실'의 경우 앞으로 10년 이내에 기초적 단계의 구현이 가능할 것으로 예상된다. 이미 메타, 아마존 같은 기업들이 VR기기 개발과 가상현실 실현을 위한 클라우드 서비스들을 제안하기 시작했고, 코로나19로 가상현실 서비스들이 주목받기 시작하면서 기술과 산업발전이 더욱 빨라진 상황이다. 게임회사들의 성장 역시 이를 뒷받침할 것으로 예상된다.

국가 간에 통신인프라 기술 격차가 있겠지만, 현재 개발해야 하는 부분은 5G 이상의 더 빠른 통신모듈인 6G와 GPU의 속도개선, VR기기들의 가격하락, 언리얼엔진이나 유니티3D 같은 게임엔진

프로그램들의 경량화 등을 들 수 있다. 가상공간에서 구현하는 것은 생각보다 빠르게 서비스되기 시작할 수 있을 것이라 예상해볼 수 있다.

두 번째 유형인 '실제 테마파크 형태로 가상현실세계를 구현하는 것'은 앞선 VR을 이용한 기술보다는 좀 더 시간이 소요될 것으로 예상된다. 이것이 가능하기 위해서는 로봇 기술과 유전공학 기술이 지금보다 혁신적인 발전을 이루어야 한다. 이 책에서 소개한 웨스트월드와 쥬라기 공원의 경우 각각 로봇 기술과 유전공학 기술이 진화해야 가능한 것이며, 이 또한 앞선 사례에서의 인공지능 기술이 개발된 바탕이 있어야 가능하다.

마지막 세 번째 유형인 '현실세계와 공존하고 있는 우리가 모르는 가상세계'는 그야말로 현재에도 이미 있을지도 모르겠다. 마치 어딘가 오랜 기차 플랫폼에서 마법사들이 다른 세계로 넘어가고 있지 않을까?

VIRTUAL REALITY

인류의 역사에서 항상 도시는 존재해왔다. 앞으로 도시의 미래는 어떻게 될까? 그리고 미래에는 어떤 도시들이 새로 등장할까? 달이나 화성에도 도시를 만들 것이고, 심해와 지하에도 도시를 만들 것이며, 거대한 우주선 형태의 도시도 등장할 것이다. 좀 더 가깝게는 현재 도시가 가지고 있는 여러 문제들을 새로운 기술들이 해결하는 근미래의 도시가 등장할 것은 분명하다. 코로나19, 재난·재해, 기후변화, 환경오염, 도시쇠퇴, 부동산가격 등 수많은 당면한 도시의 문제들을 디지털 트랜스포메이션, 인공지능, 가상현실 기술들은 어떻게 해결해나갈까?

CHAPTER 6

도시의 미래와 가상현실의 역할

도시는 어떻게 인간을 더 풍요롭고 더 행복하게 만들었나?
- 에드워드 글레이저(미국의 경제학자·도시연구 전문가)

미래도시의 이슈들

▌도시의 승리

　인류 최고의 발명품은 무엇일까? 아마 저마다 중요하다고 생각하는 발명품들은 모두 다를 것이다. 언어가 있었기 때문에 사람들이 서로 소통하면서 지식을 발전시켰다고 주장하는 사람들도 있고, 종이가 있었기 때문에 언어를 기록해서 후세에 지식을 전달할 수 있었다고 주장하는 사람들도 있을 것이다. 모든 발명품 중에 인류에게 중요하지 않았던 것이 어디 있을까 싶다.

　우리가 일반적으로 생각하는 발명품은 그 크기가 크지 않은 것들이 대부분이다. 또한 누가 발명했는지 알 수 있는 경우가 많다. 세상에 없었던 것이었는데 어느 순간 등장했다면 누군가 처음 만든 사람이 있을 테니 그렇다고 할 수 있다.

그렇다면 우리가 사는 공간인 도시는 누가 발명한 것일까? 우리는 도시에서 이미 아무 생각 없이 살고 있기 때문에 도시를 발명했다는 것은 쉽게 생각하기 어려운 질문일 것이다. 마치 우리가 공기를 인지하지 못하는 것과 마찬가지다.

사실 도시는 아주 오래전에 인류의 역사에 들어왔을 것이기 때문에 누가 도시를 만들었는지는 답하기가 쉽지 않다. 그리고 사람들이 모여 살면서 자연스럽게 부락이 형성되는 과정이 있었을 것이기 때문에 누군가가 의지를 가지고 도시를 '발명'하기 이전에 필요에 의해서 '조성'해왔을 것이다.

물론 역사적으로 오래된 도시들은 발굴을 통해서 혹은 유적을 통해 우리에게 소개되어 있다. 예를 들자면 터키('뤼르키예'의 전 이름)에 있는 차탈휘위크(Catal Huyuk)는 세계에서 가장 오래된 도시로 약 7000~9000년 전에 만들어진 것이라 알려져 있고, 그 외에도 신화 속에 등장하는 뮤, 레무리아, 아틀란티스 등 많은 도시들이 있었던 것으로 묘사되고 있다. 이처럼 도시는 인류 역사와 함께 등장하고 발전해왔기 때문에 '누군가'가 발명했다기보다는 '인류' 전체가 발명했다고 보는 것이 맞을 것이다.

이처럼 인류와 함께해온 도시를 하나의 발명품으로, 그것도 인류가 지금까지 만들어온 발명품 중에 최고의 발명품이라고 주장한 사람이 있다. 하버드대학교 경제학과 교수인 에드워드 글레이저(Edward Glaeser)는 그의 저서 『도시의 승리(Triumph of the City)』에서 도시가 있었기 때문에 다른 모든 인류 역사의 진보가 가능했다고

진단했다. 현재 세계 최고의 도
시로 알려져 있는 뉴욕부터 인도
뭄바이까지 전 세계의 도시 사례
를 제시하면서 이러한 그의 주장
을 뒷받침했다.

에드워드 글레이저 교수는 도
시가 플라톤과 소크라테스가 아
테네 시장에서 논쟁을 벌이던 시
기부터 혁신의 엔진 역할을 해왔
다고 이야기하면서, 이탈리아 피

에드워드 글레이저　　　출처: 하버드대학교

렌체의 거리들이 우리에게 르네상스를 선물했고, 영국 버밍엄의 거
리들은 산업혁명을 선물했으며, 샌프란시스코의 실리콘밸리는 IT
정보혁명을 가져왔다고 설명했다.

물론 다른 분야의 전문가들은 다른 해석을 낼 수도 있겠지만, 사
람들이 모이는 과정에서 새로운 혁신이 등장했다는 그의 해석은 타
당한 면이 있다. 도시는 사람들이 모이는 공간적 배경이 된다는 점
에서 도시가 적어도 인류가 진보하기 위한 토대가 되었던 것은 사실
이다.

현재의 대도시는 지속 가능한가?

이렇게 도시는 인류가 진화하고 문명이 발전하는 토대가 되었던
것은 분명하다. 특히 3차 산업혁명 이후 대량생산과 유통산업을 지

탱하는 넓은 시장을 제공하는 대도시는 생산과 산업을 지탱하면서 이들이 순환할 수 있는 단단한 구조를 형성하게 했다. 그렇기 때문에 이러한 넓은 시장을 제공할 수 있는 대도시는 3차 산업혁명 당시에 무엇보다 경쟁력 있는 도시모형이었다.

뿐만 아니라 대도시에는 많은 대학과 혁신적인 인재들이 몰려들 수 있었고, 문화·경제·산업의 중심지로서 기능하는 데 매우 효과적인 모델이었다. 현재 현실세계에서 대도시들은 비교적 성공적이었고, 이러한 성공적인 대도시를 가지고 있는 국가들은 이들을 중심으로 여러 산업과 교육의 중심으로 성장해왔다.

그렇다면 앞으로도 현재의 도시들은 지속 가능할까? 사실 도시를 연구하는 학자들은 도시의 인구가 많이 모여 있는 대도시, 그것도 인구가 1천만 명이 넘은 메가시티를 미래도시의 모습으로 예상해왔다. 대규모의 인구가 밀집해 있는 대도시의 경우 더 효율적으로 산업을 발전시킬 수 있고, 더 큰 시장을 확보해 경제적 토대를 구축할 수 있으며, 학문과 기술의 발전을 이끌 수 있기 때문에 압축형 대도시, 즉 콤팩트시티라고 불리는 개념은 미래도시의 대안으로 제시되어왔다. 그렇기 때문에 현대의 대도시들은 가장 경쟁력 있는 삶의 터전이 되어왔고, 경쟁력 있는 대도시를 가지고 있는 국가들이 세계의 강대국으로 군림하고 있다.

미국은 세계 경제의 중심지이자 국제정치의 중심지인 뉴욕을 가지고 있고, 기술혁신의 중심인 샌프란시스코와 인근의 실리콘밸리를 가지고 있다. 프랑스는 문화예술의 중심지인 파리를 가지고 있으며, 영국은 민주주의 정치의 상징이자 유럽 경제의 중심지인 런던을 가지고 있다. 아시아에서도 중국은 세계 경제의 중심으로 부상하고 있는 상하이를 가지고 있고, 무역의 중심지인 싱가포르는 그 자체로 도시다. 또한 일본은 아시아 경제의 중심이었던 도쿄를 가지고 있고, 한국은 혁신의 아이콘이자 대중문화·한류의 중심지로 떠오르고 있는 서울을 가지고 있다.

이들은 모두 대도시로 현재 시점에서 가장 경쟁력 있는 도시의 형태다. 그렇다면 앞으로도 이들 대도시들은 지속 가능할까?

▌ 미래도시가 가지고 있는 문제와 가상현실이라는 기술

2019년부터 시작된 코로나19를 비롯해서 기후변화, 대규모 재난·재해, 인구고령화, 도시쇠퇴, 환경오염과 같은 문제들은 우리가 가지고 있는 도시모델이 지속 가능하지 않다는 인식을 확산시켰다. 기존에 경쟁력 있다고 믿었던 대도시들은 코로나19와 같은 감염병에 취약한 것이 나타났고, 사람들이 많이 모여 사는 도시일수록 기후변화와 재난·재해의 피해가 더 크게 나타났다. 일부 선진국들은 인구가 감소하거나 노령화되고 있고, 도시가 오래되어서 산업이나 건축물이 쇠퇴하는 도시들도 나타났다. 한국과 같은 경우는 너무 비싼 아파트 가격으로 많은 사람들이 고통받고 있다.

이러한 문제들에도 불구하고 여전히 도시가 가지고 있는 장점은 매력적이다. 도시에 많은 문제점이 있고 새로운 도전에 부딪치고 있는 것은 사실이지만, 앞으로의 미래에도 도시는 존재할 것이며, 결국 미래의 도시가 가지고 있는 문제를 해결하는 방식이 필요할 것이다.

이러한 도시가 가지고 있는 위기를 해결하는 데 우리가 새롭게 개발한 가상현실 기술들은 어떤 도움이 될 것인가? 이를 몇 가지 관점에서 살펴보자.

첫째로 재난·재해에 대한 대응이다. 이 위협이 자연재해가 되었건, 대규모 질병이 되었건 현실세계의 도시에 닥친 재난·재해를 막거나 피해를 극복하는 데 가상현실이 도움이 될 것인가? 결론부터 이야기한다면 이미 그 가능성은 확인되었고, 실제로 활용되고 있다.

앞서 살펴본 디지털트윈 같은 가상현실 모델은 대규모 재난·재해가 발생했을 때, 그 피해 정도와 복구프로세스를 미리 시뮬레이션하는 도구로 활용되고 있다. 화재가 발생했을 때 불이 어떻게 퍼져 나가게 되는지, 수해가 발생했을 때 물이 어디로 어떻게 차오르는지 시뮬레이션되어 피난이나 구호 전략을 수립하는 데 활용되고 있다. 데이터가 충분히 학습된다면 인공지능이 몇 가지의 대안을 제안하고 인간이 결정하는 방식도 가능하고, 인간이 만들어낸 대안이 얼마나 효율적인지 인공지능이 순식간에 계산해주는 것도 앞으로 가능할 것이다.

또한 대규모 역병과 같은 상황에서는 가상현실을 통해서 교육·업무·쇼핑 같은 대부분의 도시생활을 무리 없이 영위할 수 있는 것을 확인했고, 앞으로 더 효과적이고 현실적인 3차원 컴퓨터 그래픽이 결합된다면 이러한 가능성은 더욱 확고해질 것이다. 또한 데이터와 인공지능을 활용한 질병환자의 이동루트 검토와 역학추적은 실제로 활용되기도 했다.

둘째로 기후변화에 대한 대응이다. 이 역시 가상현실의 시뮬레이션을 통해 미리 기후변화의 대응효과를 검증할 수 있다는 점에서 우선 효과를 발휘한다. 실제로 도시에서 사용하는 에너지의 양을 시뮬레이션하거나 가상공간에서 구축되는 전력망 플랫폼을 통해 도시에 낭비되는 에너지를 효율적으로 관리할 수 있고, 신재생에너지의 효율성을 높이는 공간배치를 할 수 있을 것이다. 뿐만 아니라 제3세계의 도시개발이나 산업개발에 있어서도 더욱 효율적인 공간배치와 에너지 구상을 가상현실을 통해 시뮬레이션함으로써 에너지를 적게 사용하는 도시형태로 개발하는 것을 도울 수 있을 것이다.

마지막으로, 도시의 쇠퇴문제에 대한 대응이다. 대규모로 인프라를 다시 건설하기 어려운 경우 데이터를 기반으로 한 가상현실 서비스들은 현실공간에서 부족한 공간을 효율적으로 배분하는 것이 가능하게 도와준다.

스페인 바르셀로나의 경우 유네스코에 등재될 정도로 오래되고 의미 있는 도시형태를 가지고 있다. 따라서 현대도시에서 활용하기에는 인프라와 하드웨어가 부족할 수밖에 없다. 그렇지만 바르셀로나의 경우 부족한 주차공간이나 쓰레기 수거 같은 것을 가상현실 기술을 활용해서 제때에 공급할 수 있었다. 또한 부족한 공간들에 대해 가상공간들이 이를 대체할 때가 머지않았다. 영화〈레디 플레이어 원〉에서 현실세계의 각박한 공간에 비해 멋진 공간을 보여주었던 가상현실 공간이 이러한 전망을 보여주는 사례라고 하겠다.

미래의 도시에 등장할 이슈들에 대해 가상현실 기술이 구체적으로 어떻게 활용될 수 있을까? 이에 대해 자세히 살펴보자.

코로나19와 가상현실 기술

감염병의 시대

가장 최근에 인류를 위협한 것은 코로나19라는 감염병이었다. 코로나19는 2019년부터 시작되어서 아직까지도 완치가 되지 않은 전염병이며, 앞으로도 이러한 전염병이 도시를 습격할 것이라는 암울한 전망이 이제는 일상적인 말이 되었다. 이제 인류는 대규모 감염병이 언제라도 닥칠 수 있다는 것을 사실로 받아들여야 하는 상황이 되었다.

코로나19와 같은 대규모 감염병은 기존의 도시에도 큰 도전과제를 던져주었다. 우리가 지금까지 알고 있던 지식으로는 도시에 인구가 많을수록 큰 시장을 형성하고, 더 많은 지식교류가 이루어지며,

새로운 창의적인 혁신이 나타났다. 도시의 인구는 곧 도시의 경쟁력이었고, 인구 밀도가 높은 도시일수록 에너지를 적게 사용하고 나머지 공간을 보전할 수 있는 것으로 믿어왔다.

그렇지만 코로나19와 같은 대규모 감염병은 사람을 통해 전파되었기 때문에 사람이 많이 밀집한 도시는 그만큼 취약했다. 사람들이 많이 사용하는 지하철과 같은 대중교통, 고층아파트의 엘리베이터, 다중의 사람이 밀집하는 극장·식당·경기장·문화시설 등이 모두 이러한 코로나19의 영향력에 무기력했다. 앞으로도 이러한 감염병들이 계속 나타난다고 하니, 얼마나 암울한 미래인가!

▌그렇다고 도시를 포기할 수 있는가?

코로나19 시기에 학교들은 온라인으로 수업을 전환했다. 대학도 2020년부터는 온라인 수업으로 전면 전환되어서 모든 수업과 회의, 논문지도와 같은 일들이 온라인으로 진행되었다.

당연하게도 처음에는 온라인 교육 플랫폼이 불안정했고, 접속자가 많을 경우 수업을 진행하다가 튕겨 나가는 경우도 비일비재했다. 강의를 하는 선생님과 교수님들은 어색한 환경에서 초기에 많은 어려움을 겪었다.

학생들은 수업을 듣기 위한 장소가 제대로 마련되지 않은 상황에 있을 경우 카페나 공공장소에서 수업을 수강했지만, 직접 교수님이나 주변 동료들과 소통하면서 진행하는 교육과는 다르게 한계가 분명히 있었다. 코넬대학교의 경제학 교수인 조지 오로브(George

Orlov) 교수를 중심으로 꾸려진 연구팀이 2021년 〈Economics Letters〉에 게재한 연구논문에 의하면, 코로나19 이후에 진행된 온라인 수업의 경우 학생들의 학업 성취도 측면에서 오프라인으로 진행하는 수업에 비해 분명히 하락요인이 있었음을 보여주고 있다.

수업뿐만 아니라 일반 업무에서도 마찬가지였다. 많은 기업들이 코로나19 시기에 온라인으로 업무방식을 변경했으나, 비대면 형식으로 업무를 진행할 수 있는 IT 기업 같은 경우를 제외하고는 업무에 있어서도 대면으로 진행하는 회의나 의사소통에 비해 비대면의 경우 한계가 분명히 있었다. 미국의 씨티그룹과 뉴욕멜론은행(BNY)과 같은 기업은 감염병이 완화되자마자 업무방식을 오프라인으로 전환하기도 했다. 위의 예시와 같이 전통적인 산업이나 금융산업의 경우가 대표적으로 보수적인 업무방식을 선호했다.

이뿐만이 아니다. 문화, 스포츠, 공연 등 대표적으로 불특정 대중을 상대로 하는 산업의 경우 아무리 온라인 방식으로 전환한다고 해도 코로나19로 인한 직격탄을 피해갈 수 없었다. 할리우드의 영화들은 개봉을 연기했고, 제작 자체가 취소되거나 연기된 경우들도 있었다. 도쿄올림픽은 연기에 연기를 거듭하다가 급기야 1년 늦춰진 2021년에 무관중 상태로 진행되었다.

이러한 코로나19의 영향은 사람들 간의 관계망을 느슨하게 만들었다. 어느덧 사회의 모든 요소들은 가상공간 속으로 들어갔다. 사회에서 관계를 맺는 방식, 업무나 교육하는 방식, 문화를 즐기는 방식이 모두 디지털로 전환되었다.

이후 코로나19의 백신과 치료제가 등장하고, 다시 일상으로 돌아가기 시작하면서, 오히려 코로나19 시대에 익숙했던 비대면 방식을 선호하는 사람들이 등장했다. 그렇다고 해서 우리가 이전의 대면 방식의 현실세계, 현실의 도시를 포기할 수 있을까?

앞으로의 세계는 디지털과 아날로그가 결합된 방식, 온라인과 오프라인이 결합된 방식으로 진화할 것으로 예상된다. 가상세계의 장점과 현실세계의 장점을 혼합한 방식으로 진화할 수 있는 계기를 코로나19가 제공했다. 그렇다면 가상세계는 어떻게 코로나19와 같은 감염병을 극복하는 데 활용될 수 있을까?

▍가상세계가 감염병 시대를 극복하는 방법

우리는 이미 가상세계를 통해서 감염병 시대를 극복한 경험이 있다. 코로나19가 만연했을 때, 사회의 많은 부분이 정지된 상황을 온라인 소통방식을 통해 극복했던 것이다. 줌(Zoom), 웹엑스(Webex), 구글미트(Google Meet)와 같은 온라인 회의·강의를 위한 도구를 비롯해서 개더타운(Gather Town)과 같은 메타버스 도구들이 코로나19를 이겨내기 위한 수단으로 활용되었다. 물론 고품질의 3차원 컴퓨터 그래픽으로 가상세계가 구축된 것은 아니었지만, 2차원상에서 혹은 대시보드(Dashboard) 형태로 사람들의 네트워크를 가능하게 해주었다.

사람들이 실제 만나서 진행해왔던 교육, 비즈니스, 연구, 공동체 활동들을 온라인 방식으로 형성된 네트워크를 통해서 진행할 수 있었다. 코로나19를 극복하기 위해 사용되었던 이러한 네트워크 방식

코로나19 역학조사 지원시스템

출처: 에스리

의 온라인 소통 플랫폼은 사실 피치 못할 사정으로 이루어지기는 했지만, 덕분에 시민들로 하여금 온라인 세계가 현실세계의 상당 부분을 대체할 수 있다는 가능성을 보여줬다.

공간정보를 기반으로 한 네트워크 기술이 코로나19를 막기 위해 활용된 사례가 있었다. 한국의 경우 교통카드를 통해 시민들이 공공교통수단을 활용하는 방식이 잘 구축되어 있다. 한국의 스마트시티 연구사업단은 이를 이용해서 코로나19가 확산할 당시에 감염된 사람들이 지나다닌 이동경로를 파악해서 이 이동경로상에 있었던 다른 사람들을 빅데이터를 이용해 분석하고, 감염가능성이 높은 사람들을 상대로 감염 여부를 추가로 조사해 감염확산을 막을 수 있었다. 현실세계에서 돌아다닌 사람들의 루트가 가상세계에 기록되고, 이 가상세계에서 같이 있었던 사람들을 추적하는 기술을 통해서 감염자와 근처에 있었던 사람을 추적할 수 있는 것으로, 이는 코로나19와 같은 감염병의 확산을 막을 수 있는 방법이었다.

가상공간을 이용한 원격진료

앞으로 또 다른 방식으로 어떤 가상현실이 코로나19와 같은 감염병을 극복하는 데 도움을 줄 수 있을까? 미래 보건 분야에서 가장 이슈가 되고 있는 분야는 원격진료 분야다.

한국의 경우는 원격진료가 법으로 금지되어 있기 때문에 원격진료 분야의 기술적 진보가 빠르게 비즈니스화되지는 못하고 있다. 그렇지만 이번 코로나19 상황에서 자가격리 치료로 전환된 환자들의 경우, 전화를 통한 원격진료가 부분적으로 허용된 적이 있었다. 전화를 통해서 환자가 구두로 증상을 이야기해주면 의사가 그것을 듣고 약을 처방해주는 방식으로, 처방받은 약은 배송을 해주거나 가족이 가서 받아올 수 있었다. 사실 IT가 발전한 한국의 상황을 생각해보면 어색한 장면이 아닐 수 없다.

앞으로 등장하게 될 감염병 시대에는 다음과 같은 상황이 연출될 것이다. 환자는 가상현실에 구현된 병원에 들어가서 의사를 직접 카메라를 통해 만난다. 그리고 환자는 구두로 증상을 이야기하면, 카메라에 부착된 센서를 통해 체온과 혈색 등을 정확하게 살펴보고, 간단한 키트를 통해서 혈액을 채취하면 혈액분석결과가 바로 의사에게 전송이 된다. 의사가 온라인으로 진료를 마치면 거기에 맞는 약과 주사를 처방하고, 이에 따라서 드론과 로봇으로 약과 주사가 배송되면, 환자는 집에 구축되어 있는 의료키트를 이용해서 약과 주사를 주입한다. 이 과정에서 환자와 의사는 가상세계에서만 만나고, 실제세계에서는 직접 만나지 않는다.

특히 이런 경우는 감염병이 퍼진 상황에서 의사와 환자가 직접 만나지 못하는 상황에서는 효과적일 수밖에 없다. 물론 이런 경우는 의사가 없는 오지나 한밤중에 병원에 오지 못하는 사람을 위해서도 충분히 활용될 수 있다.

이러한 원격의료가 가능하기 위해서는 가상세계가 실현되어 있어야 한다. 의료사고나 보험의 문제가 있기 때문에 이렇게 인간의 생명이 걸려 있는 경우는 더욱 신중히 접근해야 하고, 더욱 완벽한 '실제 세상과 동일하게 만들어져 있는 가상세계'가 필요할 것이다.

▌가상공간과 결합된 공유공간, 프롭테크 기술들

코로나19가 발생하기 직전까지 세계 경제에 큰 화두를 던졌던 것은 공유경제였다. 자동차나 주택, 사무실처럼 기존에 구입하거나 장기로 렌털했던 것을 단기간 공유하는 것을 통해 효율성을 높이는 방식이었다. 단기간에 공유하는 것이기 때문에 굉장히 자주 수요와 공급을 맞춰야 하는 상황이었지만, 네트워크와 인공지능을 통해 충분히 효율적으로 배정받을 수 있다고 믿었다.

자동차 공유 플랫폼인 우버(Uber)는 매년 성장해왔고, 이와 비슷한 서비스를 제공하는 동남아시아의 그랩(Grab), 한국의 카카오T 등은 성장 비즈니스 모델로 제안되었다. 또한 주거를 공유하는 에어비앤비(Airbnb)나 오피스를 공유하는 위워크(Wework), 패스트파이브(Fastfive)뿐만 아니라 부엌을 공유하는 프로그램까지 등장했다.

우리가 부동산이라고 불렀던 서비스들이 매우 유동적인 방식으로 거래되고 공유되는 방식의 비즈니스 모델로 확장되었다. 이러한 서비스의 성공 또한 이곳이 비어 있다는 정보를 공유하고, 소비자와 공급자를 연결해주는 네트워크 중심의 플랫폼과 배정해주는 인공지능이 있었기 때문에 가능한 비즈니스 모델이었다.

그렇지만 코로나19로 사람들의 삶의 방식이 많이 변화하면서 이러한 공유경제 방식도 변화하기 시작했다. 가장 먼저 변화되기 시작한 것은 공유경제 중에서도 코로나19의 영향을 많이 받은 업무공간에 대한 것이었다.

대표적인 것이 재택근무를 위한 가상회의 툴인데 줌, 웹엑스 등을 활용하는 데 익숙해졌고, 이를 통해 시간과 공간의 한계를 극복했다는 점이다. 일반 업무뿐만 아니라 교육을 위한 학교들도 이러한 변화에 동참했다.

이러한 적응은 업무용 부동산 시장에 큰 변화를 가져왔다. 많은 회사들이 업무공간을 확보하기 위해 토지가격이 높은 도심부에 오피스를 확보하는 것보다, 거점지역마다 공유오피스를 확보해서 직원들이 이동시간을 줄이고, 공유오피스에 출근해서 온라인 업무회의를 통해 일을 진행하는 온라인과 오프라인을 혼합하는 방식을 도입하는 것을 검토하고 있다. 이러한 공유오피스가 가능해진 것은 가상공간에서의 업무가 활성화되었기 때문이다.

대표적으로 SK텔레콤의 경우 코로나19 방역조치가 완화된 이후에 일반 기업들이 대면근무로 전환하고 있는 와중에도 공유오피스 방식의 업무방식을 확대하는 전략을 선택했다. 이를 위해 서울 신도림, 일산, 분당 등 도심부가 아닌 외곽지역에 거점형 업무공간인 '스

SK서린사옥 공유오피스 근무 모습　　　　　　　　出처: SK

직방이 출시한 글로벌 가상오피스 '소마'　　　　　　出처: 직방

피어(Sphere)'를 설치하고, 좌석은 필요할 때마다 앱으로 예약할 수 있게 하는 등 독서실처럼 본인이 필요한 공간을 확보해 업무를 진행하는 방식을 도입했다.

이처럼 가상공간을 활용한 재택근무가 확대되고, 가상공간과 현실공간을 같이 활용하는 공유오피스 방식이 늘어나면서 비싼 임대료를 지불해야 하는 기업의 입장에서는 새로운 활로를 찾았다고 할 수 있다. 아마 미래에는 더 먼 지역에서도 훌륭한 자연환경과 카페 등의 문화시설을 확보한 여유로운 공간에서 근무하면서 필요한 업무를 가상공간에서 처리하는 회사들이 늘어날 것이다. 그렇게 되면 도심부에 있는 회사에 출퇴근하기 위해 비싼 주거비용을 들여서 아파트를 구입할 필요가 없어지므로 저렴한 가격의 외곽 아파트를 구매해 업무를 보고 더 풍요로운 생활을 하는 층들이 늘어날 것이다.

▎코로나19가 도시에 주었던 것

대규모 역병이었던 코로나19는 세계 경제에 씻을 수 없는 피해를 입혔다. 또한 인적 피해와 함께 엄청난 슬픔과 좌절을 가져왔다. 무엇보다 전 세계가 같은 원인으로 피해받을 수 있다는 것을 인식하게 된 것이 중요했다. 국지적인 자연재해나 전쟁 같은 피해는 잠시 다른 곳으로 피할 수 있는 여지가 있지만, 전 세계적인 역병은 전 세계를 일순간에 정지시켜버리는 결과를 가져온다는 것을 확인했다.

한편으로는 코로나19로 인해 4차 산업혁명 기술들이 도시공간에 급속히 익숙해지는 상황을 연출했다는 점은 후세에 기억될 만한 사항이라고 할 수 있다. 그 이전 시기부터 있었던 온라인 화상회의 시스템은 코로나19로 인해 매우 일상적인 것으로 재평가되었고, 제페토나 개더타운 같은 메타버스 플랫폼도 아직까지 초기형태이기는 하지만 현실세계의 대안이 될 수 있다는 단서를 던져주기 시작했다. 콜레라로 인해 도시계획에 일대 변혁이 이루어졌던 18세기 말의 상황이 21세기인 지금 다시 시작될 수 있다는 것을 보여주었다.

재난·재해와 가상현실 기술

▌한 번에 도시를 망가뜨릴 수 있는 대규모 재난·재해

현실세계를 위협하는 요소 중에서 대규모 재난·재해는 도시공간을 한 번에 망가뜨릴 수 있는 특징이 있다. 특히 도시공간은 사람들이 상대적으로 많이 밀집해서 사는 곳이기 때문에 이러한 재난·재해로 인한 피해는 더욱 클 수밖에 없다.

미국의 카트리나(Hurricane Katrina)는 2005년 8월 말 미국 남동부를 강타한 초대형 허리케인이었다. 남동부 주 중에서 루이지애나주는 엄청난 피해를 받았으며, 그중에서도 뉴올리언스시는 역대급 피해를 입었다. 8월 30일 허리케인으로 폰차트레인 호수의 제방이 무너지면서 바닷물이 밀려들어오기 시작했고, 뉴올리언스시의 지표가

카트리나 뉴올리언스 자연재해   출처: CNN

해수면보다 낮았기 때문에 뉴올리언스의 80%가 침수되었다. 이 침
수로 거의 2만 명 이상이 실종된 것으로 기록되었으며, 인근 슈퍼돔
이나 뉴올리언스 컨벤션센터에서 구조된 사람이 8만 명 이상인 것
으로 알려져 있다. 이처럼 엄청난 재난·재해는 현실세계에서 도시에
직접 피해를 입혔을 때 인명·재산 피해가 극단적으로 나타나는 특
징을 가진다. 또한 이러한 재난·재해는 갑자기 나타나기 때문에 피
하기 쉽지 않다는 특징도 가지고 있다.

도시의 회복탄력성

도시의 회복탄력성(Urban Resilience)은 어떤 재난·재해로부터 도
시공간이 버티거나 혹은 빠르게 복구하는 능력을 의미한다. 대표적
으로는 자연재해를 들 수 있는데, 우리나라의 경우 여름마다 찾아오
는 풍수해의 피해를 예로 들어본다면 하천을 미리 정비해놓거나 도

시 곳곳에 저류공간을 만들어놓지 않았던 예전에는 비만 오면 하천이 범람하거나 도시가 침수되는 것이 일상적으로 반복되는 일이었다. 그 이후로 하천정비에 더 많은 예산을 투입하고, 침수우려 지역에 대규모 우수관거를 건설하는 등 도시에 홍수가 발생했을 때 이를 막을 수 있는 조치를 취하기 시작하면서 점차 도시에서 발생하는 재해는 줄어들기 시작했다.

또한 이처럼 재해가 나타났을 때 선제적으로 재해를 버티는 힘을 기르는 것뿐만 아니라, 일단 재해로부터 피해를 받았을 때 빠른 시일 이내에 일상으로 회복할 수 있는 능력을 기르는 것 또한 도시의 회복탄력성을 높이는 방법이 될 수 있다. 예를 들어 도시의 도로 일부가 침수되거나 건축물이 침수되었을 경우 이를 대신할 수 있는 공간들이 확보되어 있다면 도시의 기능을 회복할 때까지 임시적으로 도시가 마비되는 것을 막을 수 있다. 이러한 장치를 미리 마련해놓는 것이 도시계획에 있어서 중요한 목표가 되기도 한다.

이러한 자연재해뿐 아니라 질병 등 대규모 역병 또한 재난·재해에 해당하는데, 코로나19의 경우 몇 년이 넘도록 피해가 지속되고 있다는 측면에서 이러한 도시의 회복탄력성이 중요한 목표가 된다. 대규모 질병 역시 자연재해와 마찬가지로 선제적으로 버티는 능력도 중요하고, 일단 발생한 이후 원래대로 회복하는 능력도 중요하다.

문제는 이러한 자연재해 혹은 대규모 역병이 자주 발생하고 있다는 점이다. 기후변화로 인해서 자연재해는 점점 자주 발생하고 있으며, 인간의 거주공간이 점차 자연을 침범하면서 동물로부터 전염되는 미지의 역병의 발생빈도 역시 늘어나고 있다.

재난·재해를 미리 실험할 수 있을까?

그렇다면 이러한 재난·재해에 대해서 가상현실은 어떤 해결책을 줄 수 있을까?

첫 번째로 가상현실을 이용해 재난·재해를 대비하는 방법은 재난·재해가 도시에 입히는 피해를 미리 시뮬레이션해보는 것이다. 현실세계에 재난·재해가 일어나는 것은 피해야 하기 때문에 엄청난 태풍이 오거나, 대규모 지진이 발생하거나, 혹은 유성이 떨어지는 상황까지도 미리 예상해서 가상공간에서 미리 시뮬레이션을 해볼 수 있다. 현실세계와 동일하게 만들어진 가상세계 시뮬레이션을 통해서 어떤 재난·재해가 발생하는 것을 가정하고, 이 재난·재해가 기류와 환경에 따라서 어떤 방식으로 등장하게 될지, 또한 그렇게 등장한 재난·재해가 얼마나 큰 피해를 현실세계에 주게 될지를 미리 시뮬레이션해보는 것이다.

우리는 이러한 시뮬레이션에 대해서 이미 영화라는 가상현실을 통해서 경험한 적이 있다. 대표적인 할리우드 재난영화 감독으로 알려진 롤랜드 에머리히(Roland Emmerich) 감독은 〈인디펜던스 데이〉(외계인 침공), 〈투모로우〉(빙하), 〈2012〉(지진), 〈문폴〉(달 추락) 등 유명한 할리우드 재난영화를 많이 제작했다. 에머리히 감독은 영화를 찍을 때마다 어떤 방식으로 재난·재해가 나타나는지, 이러한 충격이 가해졌을 때 지구가 어떻게 피해를 보는지를 실감나게 가상현실인 영화를 통해 보여주었다. 특히 자연재해와 관련된 〈투모로우〉나 〈2012〉와 같은 영화는 '정말 저렇게 나타날 수 있겠다'라는 기시감이 들 정도로 현실세계에 섬뜩한 경고를 보내주었다. 에머리히 감독 이외에도 많은 감독들에 의해 지구는 수도 없이 다양한 방법으로 박살이 났다.

이러한 영화들을 보면 공통적으로 등장하는 사람들이 있다. 재난·재해의 초기 징후를 보고, 컴퓨터 시뮬레이션(가상세계 시뮬레이션)을 해보다가 갑자기 머리를 움켜쥐더니, "인류의 종말이야"를 외치며 미국 정부를 찾아가는 사람들이다. 대개 이런 사람들은 주인공이거나 주인공에게 경고를 해주는 사람들인데, 영화상에서 이들이 하는 것을 보면 몇 개의 데이터와 관측치를 가지고, 현실세계와 동일하게 시뮬레이션되어 있는 가상세계에 투입해 재난·재해의 상황을 예측한다. 즉 영화 속의 현실세계(사실상 가상세계)에서 또 하나의 가상세계(시뮬레이션)를 통해 영화 속 현실세계의 피해를 미리 시뮬레이션할 수 있음을 보여주는 것이다. 사실 현실의 현실세계에서도 동일한 방식으로 재난·재해의 발생과 피해 정도를 시뮬레이션할 수 있다.

이러한 영화들은 지구가 더 실감나게 박살이 나야 영화적 상상력이 실현되기 때문에 어떻게 더 과장되게 박살날 것인가를 연구해 가상현실에 구현하는 특징이 있다. 그렇기 때문에 이 과정에서 다소 과학적으로 무리가 있는 연출이 많이 지적되곤 한다. 바로 이 부분이 현실세계와 가상세계의 차이점이기는 하다. 가상세계와 현실세계의 사이에서 디지털트윈이 되지 않았기 때문이다. 따라서 영화상에서 등장한 대규모 재난·재해에 대해 세계 유수의 대학이나 연구소에서 이러한 재난·재해를 동일하게 시뮬레이션해보고 그 결과치를 발표하기도 한다.

▍재해를 피하거나 피해를 줄이는 방법

두 번째로 가상현실을 이용해 재난·재해를 대비하는 방법은 재해를 피하거나 재해가 발생하더라도 피해를 줄이는 방법을 가상현실에서 시뮬레이션하는 것이다. 재해를 피하는 방법 중에서 대표적인 것은 인간이 할 수 있는 방법을 미리 가상현실 속에 투입해 자연재해를 피할 수 있는지를 시뮬레이션하는 것이다.

1998년에 개봉한 영화 〈아마겟돈(Armageddon)〉에서는 나사의 연구원들이 지구로 향하고 있는 운석에 어떤 방식으로 핵폭탄을 터뜨려야 지구에 미치는 피해를 최소화할 수 있는지를 컴퓨터 가상현실을 통해 수차례 시뮬레이션하면서 그 해답을 찾아냈다. 처

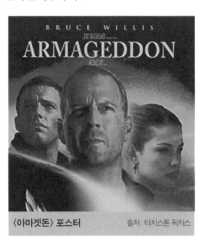

〈아마겟돈〉 포스터 　　　　출처: 터치스톤 픽처스

음에 미사일 형식의 핵폭탄을 쏴서 충돌시켜 폭파시키겠다는 아이디어나 좀 더 과감하게 운석 위에 핵폭탄을 설치해서 터뜨리겠다는 아이디어는 시뮬레이션 결과 전혀 혜성의 경로를 바꾸거나 지구에 미치는 피해를 최소화하면서 운석을 부술 수 없다는 것을 확인했다. 그 이후에 더 미친 것 같겠지만, 운석에 안전하게 착륙하고 운석 위에서 깊은 구멍을 뚫고 핵폭탄을 그 안에 넣어서 폭파시켜야 운석을 부술 수 있다는 시뮬레이션 결과를 보고 갑자기 석유 시추를 하던

브루스 윌리스와 벤 애플렉을 우주 탐사선에 태워서 운석으로 보내는 시나리오였다.

이 영화가 크게 흥행한 덕분에 이러한 시뮬레이션을 이후 미국 나사(NASA)에서 직접 시나리오별로 구상했다는 이야기도 들렸다. 인류의 생존을 결정할 절체절명의 위기상황에서, 그것도 한 번의 기회밖에 없다면 무작정 시도할 것이 아니라 수차례의 가상공간에서의 시뮬레이션을 통해 최적의 안, 실패할 수 없는 안을 만들어서 시도해야 할 것이다. 이 영화의 시나리오는 현실세계와 가상세계 속의 이러한 관계를 보여주었다.

인류 전체의 생존이 걸린 문제는 아니었지만, 2015년에 개봉한 〈마션(The Martian)〉에서는 화성에 남겨진 주인공(맷 데이먼 분)을 다시 찾아오기 위해 지구와 화성을 비행하는 우주선을 어떤 방식으로 활용해야 최단 시간 내에 다시 화성으로 돌아갈 수 있는지를 시뮬레이션하다가 컴퓨터 덕후 같은 연구원이 갑자기 알아낸 계산식으로

〈마션〉의 한 장면   출처: 〈마션〉, 2015

시뮬레이션해보니 가능하다는 것을 확인하고 실제로도 그대로 진행하는 모습을 보여주었다. 우리가 가상세계라고 부르는 영화 속에서 현재 상황이 일어나고 있는 현실세계의 문제점을 그 상황의 미래 상황을 보여주는 가상세계가 해결하는 방식을 보여주고 있다.

앞서 나온 것처럼 온 지구와 인류의 생존을 위협하는 재난·재해의 등장에 맞서 이를 막기 위해 전 지구적인 협업이 일어나거나, 혹은 나사급 이상의 연구기관이 가상현실을 시뮬레이션하는 것처럼 거창하지는 않지만 현실에서도 쉽게 해볼 수 있는 가상현실 시뮬레

화재대피 시뮬레이션 　　　　　　　　　　　출처: 한국화재소방학회 논문지

이션을 통해 재난·재해를 막기 위한 시도들을 하고 있다. 그중에서 대표적인 것이 건축물에 화재가 발생했을 때, 불길의 방향, 연기의 방향을 종합적으로 시뮬레이션해서 건축물과 동일하게 시뮬레이션되어 있는 가상현실 속에서 사람들이 어떻게 대피하는 것이 최적의 경로인지를 시뮬레이션하는 것이다.

디지털트윈을 이용한 이러한 가상현실 대피 시뮬레이션은 불길이나 연기의 방향을 시뮬레이션해야 하기 때문에 간단한 건축물이라고 해도 주변의 기후정보를 입력해야 하고, 이를 복잡한 수식에 의해 시뮬레이션해야 하기 때문에 아직 일반인이 쉽게 사용할 수는 없다. 전문적인 시뮬레이션용 컴퓨터와 전문가가 참여해야 시뮬레이션을 분석할 수 있고, 아직까지 그 정확도도 높은 수준은 아니다. 그렇지만 앞으로 디지털트윈이 된 세상에서는 이러한 가상현실 시뮬레이션이 현실세계에서 가장 높은 빈도로 사용되는 서비스 중 하나가 될 것이다.

기후변화와 가상현실 기술

▌천천히, 그렇지만 확실히 다가오는 기후변화의 위협

재난·재해처럼 급하게 다가오지는 않지만, 우리에게 정말 위협을 주고 있는 것이 있다. 바로 기후변화다. 인간과 산업화가 원인이 아니라는 일부 학자들도 있지만, 어찌 되었건 산업화로 인해 나타나는 화석연료의 사용은 기후변화를 앞당기는 데 영향을 주고 있다는 사실은 분명하다.

이러한 기후변화는 오랜 시간에 걸쳐서 점차 심화되고 있기 때문에 사람들은 이에 무감각해지기 쉽고, 국제사회에서의 협력도 빠르게 이루어지지 못하고 있다. 특히 개발도상국가들이나 저개발국가의 경우에는 서둘러 경제발전을 해야 하는 상황이기 때문에 탄소배

녹아내리고 있는 북극 빙하　　　　　　　　　　　　　출처: 영국 남극자연환경연구소

출을 낮춰야 한다는 국제사회, 특히 선진국을 중심으로 한 국제사회
의 요구를 쉽게 수용하기 어렵다는 입장 차이를 보여주기도 한다.

　기후변화에 관한 정부 간 협의체(IPCC)에서 2018년에 발간한
'1.5°C 특별 보고서'에 따르면 지구의 이산화탄소, 메탄 및 아산화
질소의 대기 중 농도는 인간의 활동결과로 1750년 이래 현저하게
증가하고 있는 것으로 밝혀졌다. 이는 수천 년에 걸친 빙하코어(ice
core)에서 검출된 산업화 이전의 농도를 훨씬 초과하고 있으며, 산
업화(1850~1900년) 시대 대비 2011~2020년 전 지구 지표면 온도는
1.09°C로 상승했다. 현 수준의 온실가스 배출량을 유지한다면 지구
온도가 2021~2040년 사이에 1.5°C 지구온난화를 넘을 가능성이
높으며, 지구온난화로 인한 피해를 방지하기 위해 지구 기온 상승을

1.5°C로 제한하고, 2030년까지 전 세계 온실가스 순 배출량을 2019년 대비 43% 감축해야 한다며 권고했다.

국제사회에서 이러한 기후변화에 대한 공동대응으로 잘 알려진 것은 우리가 흔히 '기후협약'이라고 부르는 '기후변화에 관한 유엔기본협약(United Nations Framework Convention on Climate Change)'이다. 온실가스에 의해 벌어지는 지구온난화를 막기 위한 국제기구 협약으로 그동안 여러 중요한 협정들이 이루어졌지만, 대표적으로는 1992년 유엔기후변화협약, 1997년 교토의정서, 2015년 파리협정을 들 수 있다. 심지어 미국마저도 기후협약에 들어갔다가 빠졌다가를 반복하고 있다.

이렇게 국제사회에서 제기되고 있는 기후변화에 대한 경고음은 천천히 울리고 있기는 하지만 반드시 다가오는 문제이기 때문에 일반인들은 체감하기 쉽지 않다는 문제점이 있다. 그러나 마치 개구리가 끓는 물속에 있는 것처럼 서서히 적응하다가 더 이상 손 쓸 틈도 없을 정도로 위기에 빠질 수 있는 문제이기도 하다. 그렇기 때문에 가상현실 시뮬레이션을 통해 긴 시간 동안 일어나는 기후변화를 압축적으로 보여주는 방식이 유효할 수 있다.

▌끝없는 개발과 도시화

전 세계적으로는 탄소배출량을 줄여야 하지만, 저개발국가는 아직 개발이 더 되어야 하기 때문에 더 많은 도시를 만들고 탄소배출을 전제로 한 산업의 육성을 해야 하는 상황이다. 여전히 동남아시

322

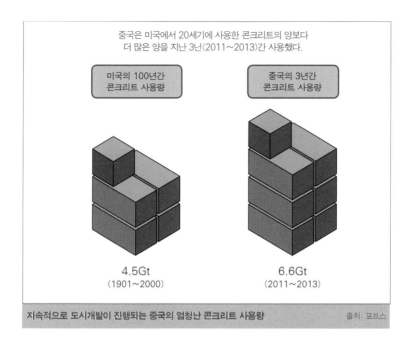

중국은 미국에서 20세기에 사용한 콘크리트의 양보다
더 많은 양을 지난 3년(2011~2013)간 사용했다.

| 미국의 100년간 콘크리트 사용량 | 중국의 3년간 콘크리트 사용량 |

4.5Gt
(1901~2000)

6.6Gt
(2011~2013)

지속적으로 도시개발이 진행되는 중국의 엄청난 콘크리트 사용량   출처: 포브스

아, 중앙아시아, 아프리카, 중남미 국가들은 도시를 개발하고자 하는
수요가 높으며, 새로운 산업을 유치하기 위한 노력을 하고 있다. 세
계의 공장인 중국에서 최근 3년 동안 사용한 콘크리트의 양이 지난
100년 동안 미국에서 사용한 콘크리트의 양보다 많은 것은 국제적
인 약속이 계속 지켜지기 어려울 수 있다는 것을 보여준다.

나사의 기후변화 시뮬레이션

전 세계적인 기후변화 시뮬레이션을 진행하는 기구는 미국 항
공우주국(NASA)이 대표적이다. 나사의 과학자들은 가상의 지구를
바탕으로 진행했던 기후변화 관련 시뮬레이션들을 검증한 적이

있는데, 현실 지구와 동일하게 구축한 가상 지구에서 대기·해양·빙하·지표면 등의 데이터들을 입력해 분석했던 여러 가상 시뮬레이션 결과들이 기후변화의 징후를 정확하게 예측했던 것을 발표한 적이 있다.

제크 하우스파더(Zeke Hausfather)가 이끄는 버클리대학교 연구팀은 〈Geophysical Research Letters〉를 통해서 기후변화를 시뮬레이션하는 가상모델이 현실세계와 매우 유사한 결과를 보여주었다는 연구결과를 발표했는데, 1970~2007년 사이에 발표한 17개의 가상 지구 시뮬레이션 예측이 2017년 말까지 실제 관측된 지구 온도변화와 상당 부분 일치했다는 것을 확인했다. 물론 17개 중에서 10개 모델이 실제 관측치와 거의 일치했지만, 가상현실의 기후 모델이 현실세계의 변화를 상당히 정확하게 예측했다는 것을 보여준다.

이러한 방식이라면 앞으로의 변화에 대한 예측치도 마찬가지로 보여줄 수 있을 것이다. 이를 통해 천천히 벌어지는 기후변화에 대해 무덤덤해지는 인간들에게 경고음을 줄 수 있지 않을까?

▌ 해수면과 에너지 문제

기후변화 문제에 있어서 현실세계의 도시에 미치는 직접적인 영향은 해수면 문제와 에너지 문제를 들 수 있다. 해수면 문제는 기후변화의 결과로 나타나는 것이고, 에너지 문제는 기후변화의 과정에서 나타나는 것이다. 해수면 상승의 경우 기후변화로 인해서 바닷물의 수위가 상승해서 결과적으로는 인류가 거주하는 많은 도시들이 물에 잠기게 될 것이라는 예측인데, 기후변화의 문제점을 상당히 설득력 있게 보여주는 수단이 되어왔다.

내가 거주하는 혹은 많은 사람들이 방문하는 대표적인 도시들이 물에 잠기는 모습을 보여주는데, 그냥 스쳐 지나갈 정도로 무덤덤한 사람들이 얼마나 될까? 특히 인류 문명을 이끌고 있는 많은 도시들이 강이나 바다와 인접한 수변공간에 조성되어 있는 것은 이러한 심각성을 더욱 극명하게 보여준다.

1m만 해수면이 상승해도 치명적인 도시들은 이탈리아의 베네치아를 비롯해서 네덜란드의 많은 도시들, 인도네시아·방글라데시의 여러 도시들과 태평양에 위치한 섬나라의 도시들이 대표적이다. 뿐만 아니라 싱가포르·뉴욕·상하이·도쿄·샌프란시스코와 같은 대도시들, 그것도 현재 시점에서 최고의 전성기를 누리고 있는 도시들이 모두 수변에 위치하고 있기 때문에 이러한 해수면 상승의 문제는 가장 효과적으로 위험성을 알리는 도구가 되어왔다. 해수면 상승과 같

해수면 상승으로 인한 변화 시뮬레이션   출처: 사이언스 인사이더

은 것은 비교적 쉬운 시뮬레이션이기 때문에 가상 지구에서 해수면
이 상승했을 때, 얼마나 많은 도시들이 얼마나 많이 침수될 것인지
를 아주 효과적으로 보여준다.

사이언스 인사이더(Science Insider)에서 시뮬레이션한 가상 지구
에서 기후변화 결과 나타나게 될 침수될 도시들의 시뮬레이션은 세
계 여러 주요 도시들이 바닷물에 침수될 것을 보여주었는데, 거의
대부분의 국가들의 수도들이 침수되고 있다. 물론 거기에는 한국의
서울, 인천, 경기, 부산 지역도 모두 침수되는 것으로 시뮬레이션되
어 있다. 이 침수 시뮬레이션은 물론 극단적으로 해수면이 상승했을
때를 가정한 것이기는 하지만, 가상 지구에서의 시뮬레이션이 오랜
기간 이루어지는 기후변화를 효과적으로 보여주는 도구가 될 수 있
다는 것을 우리에게 보여주었다.

▎도시와 에너지

기후변화를 일으키는 요인 중에 지구의 내핵이나 자전문제, 지구
외적인 태양풍과 같은 요인들은 제외한다면 결국 인간이 사용하는
에너지, 그것도 화석연료를 이용하는 에너지로 발생하는 탄소가 문
제가 된다. 이러한 에너지는 산업용도가 아니라면 대부분 도시에서
사용된다.

그렇다면 방법은 2가지다. 산업을 정지시키거나 도시를 정지시키
는 것이다. 물론 이 둘을 정지시키는 것은 불가능하기 때문에 선택
가능한 방법은 탄소배출량을 줄이는 것이다. 산업 부문에서 탄소를

적게 배출하는 방식으로 전환하는 것이 RE100이라면, 도시 부문에서 탄소를 적게 배출하는 방식으로 전환하는 것은 저탄소도시모델이다.

RE100은 'Renewable Electricity 100%'의 약자로 2050년까지 기업들이 사용하는 전력의 100%를 신재생에너지로 전환하는 것을 목표로 하는 국제 캠페인이다. 사실 앞서 살펴본 국제기구의 기후협약이 아니기도 하고, 전체 탄소배출보다는 기업들의 자발적인 참여를 전제로 하는 것이기 때문에 그 파급력이 크지는 않지만, 애플이나 구글과 같은 글로벌 기업들이 회원으로 참여하고 있기 때문에 많이 소개되기도 했다. 사실 기업마다 주력 산업의 종류에 따라 탄소배출량이 각기 다르기 때문에 같은 기준으로 제한을 두는 것 자체가 무지한 일일 수밖에 없지만, 이러한 움직임이 있는 것은 주목할 만하다.

문제는 산업 부문보다 더 많이 에너지를 사용하고 있는 도시 부문에 있다. 전 세계 에너지 사용량의 60~70%가량이 교통이나 난방,

조명과 같이 도시에서 사용되고 있으며, 앞으로 전기를 더 많이 사용하는 사회가 되어가고 있기 때문에 이 추세는 더욱 높아질 것으로 예상된다.

기후변화에 따라 더워지게 되면 냉방을 하기 위해 더 많은 에너지가 필요하게 되고, 화석연료 차량이 전기 차량으로 대체되면 역시 더 많은 에너지가 소요되게 된다. 모든 사람들이 사용하는 전자제품이 늘어남에 따라 더 많은 에너지가 도시에서 사용될 것이다. 그렇다고 인구를 인위적으로 줄일 수도 없고, 줄이는 것이 바람직하지도 않다. 우리는 영화 〈어벤저스〉의 타노스처럼 핑거스냅으로 의도적으로 인구를 줄이는 악당이 될 수는 없지 않은가?

그렇다면 결국은 에너지를 적게 사용할 수 있는 도시로 바꾸는 수밖에 없다. 그렇다면 구체적으로 어떤 방법이 있을까?

얼마 전 미국 남부 뉴멕시코와 멕시코 국경 사막에 10억 달러를 투입해서 실험용 도시를 건설하겠다는 미국의 기술개발업체인 페가수스 홀딩스(Pegasus Global Holdings)가 화제가 된 적이 있었다. CITE(The Center for Innovation, Testing & Evaluation) 프로젝트로 알려진 이 프로젝트는 여러 IT회사들이 미래도시에 적용될 기술들을 미리 실험해보는 거대한 실험실을 건설하는 프로젝트였다.

미래도시를 시뮬레이션하는 방법은 이렇게 현실세계의 도시를 직접 건설해서 실험하는 방법이 있는데, 이를 테스트베드라는 이름으로 부른다. 한국의 경우도 도시에 관련된 연구개발사업은 직접 적용해보기 위한 테스트베드 방식의 사업들이 자주 진행되는데, 문제는 오로지 실험용으로 건설하는 경우 비용이 많이 들 뿐만 아니

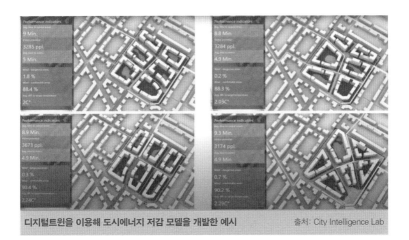

| 디지털트윈을 이용해 도시에너지 저감 모델을 개발한 예시 | 출처: City Intelligence Lab |

라 실제 사람들이 거주하지 않는다면 실험에 왜곡이 일어날 수 있다는 점이다.

한국도 2018년부터 진행한 스마트시티 연구개발에서 에너지에 관련한 내용이 있었다. 경기도 시흥시를 테스트베드로 해서 에너지 사용량을 측정하는 것을 내용으로 하는데, 에너지의 사용량을 예전에 검침기로 하던 방식에서 AMI(Advanced Metering Infrastructure)을 도입해서 자동으로 전기사용량을 측정하는 방식으로 전환하는 것이었다. 이렇게 취합된 에너지 사용량은 데이터 센터에 모이고, 디지털트윈으로 구축된 가상도시에 도시사용량의 데이터가 표시되는 방식이었다.

이 연구개발사업은 사실 에너지 사용량에 대한 정보 취합 정도만 진행되었고, 그 데이터의 취합도 개인정보보호 문제로 인해서 아쉬운 부분도 있다. 하지만 이러한 연구개발 내용은 향후 에너지를 적게 사용하는 도시모델을 개발하는 데 도움을 줄 것이라 기대한다.

| **인공지능을 활용한 아파트 배치 시뮬레이션** | 출처: 정요한(2022) 서울대학교 박사학위 논문 |

　서울대학교에서 필자가 진행한 연구개발 중에서는 에너지를 적게 사용하는 모델을 실제 개발한 사례들이 있다. 2012년에 진행한 한 연구개발에서는 도시의 이동량을 고려해 에너지의 사용량을 낮출 수 있는 도시모델을 개발했다. 2021년에는 에너지를 적게 사용하는 도시모델을 실제 가상공간에서 시뮬레이션했다.

　이 시뮬레이션에서는 일조량을 늘릴 수 있는 아파트 배치를 배치를 가상공간에서 시뮬레이션하면서 최적안을 도출했다. 아파트를 배치할 때 일조를 잘 받을 수 있도록 계획할 경우 난방에너지를 줄일 수 있는 방법이 되기 때문에 궁극적으로 도시에서 에너지를 줄일 수 있는 도구가 된다. 이 과정에서 수만 개의 대안을 인공지능을 이용해서 가상공간에서 미리 실험해보고, 최적안을 도출함으로써 에너지를 적게 사용하는 도시모델을 개발할 수 있었다. 이러한 방법은 앞으로 도시를 설계하는 데 획기적인 대안을 제공할 것으로 보인다.

환경오염과 가상현실 기술

미세먼지

한국은 매년 봄철이 되면 미세먼지의 습격을 받곤 했다. 미세먼지는 국내에서 발생하는 경우도 있지만, 중국에서 날아오는 경우도 있기 때문에 산업이 발전하고 있는 양국의 상황을 고려할 때 매년 반복되는 고통이었다.

미세먼지는 우리 눈에 보이지 않을 정도로 작은 먼지들이며 질산염, 암모늄이온, 황산염과 같은 이온성분들과 탄소화합물, 금속화합물 등이 어우러져 있기 때문에 사람의 호흡기 질환에 매우 좋지 않은 것으로 알려져 있다. 특히 PM10보다 작은 PM2.5 이하의 초미세먼지는 사람의 몸속에서 빠져나가지 못하게 되어 1급 발암물질로 인식되고 있다.

다행인지 불행인지 2020년 이후에는 다소 미세먼지가 줄어들긴 했다. 이는 코로나19로 인해서 중국이 도시 전체를 봉쇄하고, 산업 공장들이 중지되었기 때문으로 이야기되고 있다.

한국의 경우, 환경오염의 대표적인 케이스로 이야기가 나왔던 것은 물과 관련된 것이었다. 해방 직후에는 서울의 청계천이 대표적인 환경오염의 대상이었고, 이후 산업화 과정에서는 시화호·낙동강 같이 산업단지에 인접한 수변공간이 대표적인 환경오염의 피해 사례로 등장했다. 그렇지만 2000년대 이후에는 하천이나 바다의 경우 환경에 대한 인식이 높아지면서 점차 깨끗해졌고, 대신에 공기오염이 큰 문제로 떠올랐다. 공기오염 중에서도 대표적인 것이 바로 황사와 미세먼지다.

특히 미세먼지의 경우에는 중금속 함유량이 굉장히 높아서 단순한 먼지가 아니라 발암물질이나 다름없기 때문에 황사와는 전혀 다른 차원의 환경오염 문제라고 할 수 있다. 황사의 경우에는 원래 자연적인 풍화작용에서 나타나는 작은 모래알갱이들이 공장매연을 끌고 오면서 등장하는 문제였지만, 미세먼지의 경우에는 매연 내의 입자들이 공기 중의 입자들과 결합된 것이라 미세한 금속가루나 다름없기 때문이다.

미세먼지는 한국에서 가장 골칫거리인 환경오염의 주범이 되었고, 정부도 이 미세먼지를 어떻게 해결할 것인가에 사활을 걸기 시작했다. 그 과정에서도 가상현실이 사용되었다.

▌라이다 스캐너를 통한 미세먼지 시뮬레이션

미세먼지와 같은 환경문제를 해결하는 첫 번째 방법은 미세먼지가 어떻게 우리나라를 뒤덮고 있는지 확인하는 것이다. 우리나라에서 미세먼지의 분포를 확인하는 것은 2가지 방향으로 진행되었다.

첫째는 미세먼지 센서를 전국에 고르게 분포시켜서 각 센서들이 취합하는 미세먼지의 양을 기반으로 공간데이터상에 뿌려주는 것이었다.

미세먼지 문제가 심각했을 때는 개인이 들고 다닐 수 있는 센서도 있었고, 정부의 공식인증을 받은 센서도 있었다. 당연히 센서가 부정확하다는 문제들이 그간 지적되었고, 이 와중에 공식인증을 받지 않고 중국을 통해 대량으로 수입된 미세먼지 측정기까지 등장했다. 뿐만 아니라 미세먼지를 측정하는 장소도 문제가 되었는데, 기상청에서 서울시 전역에 설치한 미세먼지 측정기의 경우 서울시 전역을 균등하게 떨어진 곳에 배치하다 보니 어떤 측정소는 산이나 구릉이 있는 곳에 설치가 되어 있어서 미세먼지가 심각한데도 정작 측정결과는 미세먼지가 없는 것으로 나타나기도 하는 등의 오류가 적지 않았다.

이를 해결하기 위해 국가에서 시흥시를 대상으로 진행한 스마트시티 연구개발사업에서도 KT가 중심으로 미세먼지 센서를 부착한 차량을 시흥시 전역을 돌면서 미세먼지 데이터를 확보하는 일을 진행했는데, 센서가 이동했기 때문에 센서 위치 때문에 미세먼지가 심각함에도 심각하지 않은 것으로 판단하는 오류는 없었지만 거꾸로

언론에 등장한 미세먼지 측정 오류   출처: KBS 뉴스

도로에서 발생하는 미세먼지가 심각해서 오히려 미세먼지를 너무 과측정하는 오류가 발생하기도 했다.

이처럼 센서 방식의 미세먼지 측정이 문제가 있기 때문에 등장한 것이 라이다(LiDAR, Light Detection and Ranging) 스캐너를 이용한 미세먼지 측정방식이었다. 라이다는 'Light Detection And Ranging'을 의미하는 것으로, 레이저 빛을 이용해서 측정하는 방식을 의미한다. 초당 수백만 개에 달하는 레이저 펄스를 발사해서 되돌아오는 시간을 측정해 대상을 스캔하는 기술로, 우리가 골프장이나 건축물 측정할 때 사용하는 레이저 거리측량기 장비가 보다 복잡하게 만들어진 것이라고 이해하면 된다.

라이다 스캐너는 굉장히 측정 결과가 정확한 대신에 우리가 일반적으로 알고 있는 레이더(Radar)에 비해 고출력 에너지를 사용해야 하고, 이러한 문제 때문에 출력문제로 탐지범위에 한계가 있기는 하다. 또한 가격의 문제도 있기는 한데, 이는 시간이 지나면서 점차 해

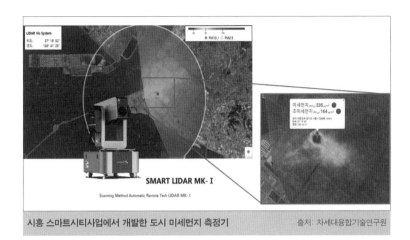

시흥 스마트시티사업에서 개발한 도시 미세먼지 측정기	출처: 차세대융합기술연구원

결되고 있는 추세다.

이러한 라이다 스캐너를 이용한 미세먼지 측정이 최근 한국의 스마트시티사업을 통해 성공적으로 진행되었는데, 이를 통해 시흥시의 미세먼지를 정확하게 추정해서 시흥시의 가상공간에 정확하게 표현할 수 있게 되었다. 이는 2021년도 국토교통부의 우수 연구개발 성과로 지정되기도 했다.

도시쇠퇴와 가상현실 기술

도시의 쇠퇴

한국을 비롯한 선진국들이 고민하는 도시공간의 문제 중 대표적인 것은 도시가 쇠퇴하는 것이다. 도시를 조성한 지 시간이 오래 지났고, 수명이 늘어나면서 인구가 고령화되거나 저출산으로 인구가 감소하기도 하며, 오래된 산업 경쟁력이 신흥 국가에게 넘어가면서 산업이 쇠퇴하는 등 전체적인 도시의 쇠퇴를 경험하게 된다.

한국의 경우도 2000년대 이후 들어서면서 도시의 쇠퇴가 본격적으로 나타나기 시작했다. 심지어 옥스퍼드 인구문제연구소(Oxford Institute of Population Aging)는 한국을 앞으로 지구상에서 가장 먼저 사라질 나라로 꼽았다. 인구가 줄어들고 대학생들의 수도 줄어들면

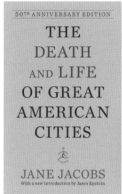

미국의 도시쇠퇴 문제를 지적한 제인 제이콥스 　　　　　출처: Modern Library

서 지역의 대학들이 상당한 위기감에 내몰리게 되었고, 이에 벚꽃이 피는 순서대로 대학들이 망할 것이라는 경고도 등장했다. 이에 대한 대응으로 도시재생이라는 정책이 추진되기 시작했다.

도시의 쇠퇴는 여러 관점에서 그 징후를 볼 수 있다. 크게 3가지 인데 인구의 쇠퇴, 경제의 쇠퇴, 그리고 노후화다.

첫 번째는 인구의 쇠퇴로, 그 도시에서 살고 있는 인구가 줄어들 거나 인구의 연령이 높아져서 생산가능인력의 수가 줄어드는 것, 혹 은 그 도시에서 일하는 인력의 교육수준이나 소득이 줄어드는 것을 의미한다.

이미 한국의 경우에도 인구가 점차 줄어들고 있는 지자체들이 등 장했으며, 특히 노령화 문제는 OECD 국가 중에 가장 심각한 수준 에 올라와 있다. 한국뿐만 아니라 일본의 경우도 이러한 인구감소 와 쇠퇴문제가 지속적으로 제기되어왔고, 유럽과 미국의 대도시들 도 이러한 문제들을 경험했다. 특히 인구의 쇠퇴는 주로 선진국 들을 중심으로 자연출산이 줄어들면서 경험하게 되는 경우가 많은데, 이민 정책과 같은 정책을 펴지 않는다면 이를 극복하기가 매우 어렵다.

두 번째는 경제의 쇠퇴로, 그 도시의 경제력을 뒷받침했던 산업이 쇠퇴하거나 더 경쟁력이 있는 국가로 산업을 빼앗겼을 때 나타난다. 많은 유럽 국가들이 아시아 국가들에게 이러한 산업을 빼앗겼던 경험이 있다.

예를 들면 조선산업이나 철강산업들은 유럽 국가들에서 아시아 국가로 빠르게 주도권이 넘어갔고, 이 과정에서 유럽의 경쟁력 있던 도시들은 뼈아픈 침체를 경험해야 했다. 한국도 언제 유럽의 전철을 밟게 될지 알 수 없다. 유럽의 도시들은 그래도 빠르게 관광이나 첨단산업으로 전환시키면서 다시 살아난 도시들이 있었지만, 한국의 도시들도 그렇게 살아날 수 있을지 낙관하기가 어렵다.

세 번째는 도시공간이 만들어진 지 오래되어서 노후화되는 것을 의미한다. 지어진 지 오래된 건축물이나 시설들은 기능을 회복하지 못해 여러 불편을 초래하는 문제를 가져온다.

돌로 지은 유럽의 여러 건축물들의 경우 몇백 년을 버티는 경우도 많지만, 우리나라의 경우 대부분이 해방 이후 급하게 높은 품질이 아닌 콘크리트로 지은 건축물들이 많다 보니 30년을 버티지 못하는 건축물들이 대부분이다.

그렇지만 정말 사람들의 예상대로 인구가 줄어들다 못해 소멸되고, 도시도 쇠퇴하다가 소멸되기도 할까? 그렇다면 가상현실 기술은 도시쇠퇴를 해결하는 데 어떤 도움을 줄 수 있을까?

가상현실에서 형성되는 마을 공동체

　도시가 쇠퇴하는 과정에서 우려되는 것 중 하나는 마을의 공동체가 해체되는 것이다. 도시라는 것은 사람들이 모여 살면서 지역공동체를 만들어가는 과정에서 형성되는 것인데, 사람들 간의 공동체가 해체되는 것은 큰 문제다. 이처럼 현실세계에서 해체되어가는 동네의 공동체를 가상공간을 통해서 회복하려는 시도들이 있다.

　대표적인 서비스로 당근마켓을 들 수 있다. '당신의 근거리에'의 첫 글자를 딴 이 디지털플랫폼 기반의 서비스는 동네에서만 활용할 수 있는 중고물품 직거래 서비스로, 사용자의 위치정보를 이용해 비슷한 공간에 있는 사람들끼리만 직거래를 할 수 있도록 한다. 당근마켓은 온라인 플랫폼으로 급성

당근마켓 로고
출처: 당근마켓

장하고 있으며, 2022년 기준 11번가, G마켓과 같은 기존의 이커머스 서비스들을 제치고 전체 쇼핑 앱에서 쿠팡에 이은 2위에 이를 정도로 큰 성공을 거두었다.

　이 사업모델의 특징은 철저하게 동네 인증을 받은 곳에서 가까운 동네들에서만 중고거래를 직거래로 할 수 있게 유도하는 것이다. 직거래이다 보니 사기거래가 상대적으로 적고, 무엇보다 거래 후 구매자·판매자가 각각 상대를 평가하는 시스템을 도입함으로써 알게 모르게 서로 간의 상호견제와 유대감이 생기는 구조를 가지고 있다.

동네 단위 메타버스　　　　　　　　　　　　　　　　　출처: 강남구

제페토에서 구현한 충북 미래지 테마파크 모습　　　　出처: 충청북도

　　또한 실제로 사람들이 마을의 공간에서 모이는 플랫폼도 서비스되고 있다. 가상공간을 만들어서 사람들끼리 소통하는 것 중에 굉장히 오래된 서비스가 있는데, 1999년 8월 1일부터 서비스된 싸이월드가 그것이다.

싸이월드는 2000년대 초중반까지 대단한 성공을 거둔 플랫폼이었으며, 페이스북이 등장하기 전까지는 대표적인 SNS 플랫폼이었다. 소통하는 방식은 사용자마다 개인의 공간을 꾸며놓고 사람들이 방문해서 업로드한 사진이나 블로그 글들을 읽는 방식이다. 이것은 가상공간에서 만나는 것에 대한 인식이 새롭게 변화되는 상황이었다. 현재는 다양한 메타버스 플랫폼에서 이러한 마을 단위의 공동체가 형성되는 것을 확인할 수 있다.

가상세계의 공간정보를 활용해 낙후한 현실세계를 극복하다

일반적으로 도시를 재생하는 방법은 전면적인 재개발과 점진적인 재생으로 나누어볼 수 있다. 전면적인 재개발은 노후한 단독주택지와 같이 도로나 상하수도, 전기와 같은 인프라가 낙후된 지역을 전체적으로 다시 개발하면서 토지의 용도도 단독주택지에서 아파트와 같은 고밀도 주거용지로 바꾸는 것을 의미하며, 재건축은 기존에 인프라 여건은 괜찮지만 건축물이 노후화되어 안전하지 않은 경우 건축물을 새로 건축하는 것을 의미한다. 이러한 2가지 사업방식은 어떤 방식이건 간에 사업에 참여하는 거주민 혹은 소유자들로 형성된 '조합'이 중요한 역할을 하게 되고, 다양한 이해조건을 만족시키면서 사업을 진행하게 된다.

문제는 이 과정에서 갈등유발과 비용 및 시간소모가 이루어진다는 점인데, 많은 재건축·재개발사업에서 원주민은 그 지역에 다시 들어와 살기보다는 다른 지역으로 이주하는 것을 선택하게 된다. 이 과정에서 기존에 있었던 공동체가 해체되는 문제점이 지적되기도 했고, 과도한 개발이익이 발생하는 문제도 등장했다.

이러한 문제를 피하기 위해 제안된 것이 점진적인 도시재생이었다. 점진적인 도시재생은 도시를 전체적으로 재건축 혹은 재개발하는 것이 아니라, 문제가 있는 부분만 점진적으로 변화시키는 것을 목표로 했다. 이렇게 진행하기 때문에 기존에 살던 사람들은 계속 거주할 수 있으며, 이 과정에서 등장하는 공동체의 해체도 없을 것이라는 장점이 있었다.

문제는 공동체를 그대로 유지하는 장점은 있지만, 겉으로 보기에 도시공간이 별로 개선되지 않은 것으로 보이는 것이었다. 이 경우에 사용하는 것이 공간정보를 이용해 적절한 인프라를 별도의 건설공사 없이 제공하는 것이었다. 대표적인 것이 IoT 기술을 기반으로 하는 공유주차장이다.

공유주차장사업을 하고 있는 '모두의 주차장'의 경우 공간정보를 기반으로 해 앱상에서 주차장의 위치, 이용요금, 운영시간 등을 제공함으로써 별도의 주차장을 건설하지 않고, 비어 있는 주차장들을 사람들이 찾아서 사용할 수 있도록 하는 서비스를 제공하고 있다. 도시를 재개발하거나 재건축하는 이유 중 대표적인 것이 주차 공간

모두의 주차장 로고   출처: 모두의 주차장

부족문제가 있기 때문에 이처럼 가상공간을 활용해 현실공간에서 주차장의 위치를 찾는 서비스는 현실세계의 문제를 해결하는 데 있어 가상현실 기술을 활용하는 사례다.

▍문화콘텐츠와 스마트팩토리로 낙후된 도시산업을 일으키다

도시쇠퇴가 일어나는 중요한 이유 중에는 도시의 경제력을 담당하고 있는 산업이 경쟁력을 잃는 문제도 있다. 인구의 감소나 공간의 노후화보다 더 중요한 문제일 수 있는데, 어떤 도시의 일자리와 경제력이 담보될 수만 있다면 일자리를 찾아서 젊은 사람들이 계속 유입될 것이며, 경제력을 바탕으로 해서 노후화된 공간을 계속 새롭게 조성할 수 있기 때문이다. 이러한 문제 때문에 쇠퇴한 도시에서 산업을 다시 일으키는 것은 도시재생에서도 매우 중요한 목표 중 하나로 등장했다.

쇠퇴한 도시산업에 대한 대안으로 자주 등장하는 것이 문화산업을 기반으로 하는 경쟁력 재확보다. 대개 유럽의 많은 국가들이 선택한 방법이었는데, 노후화된 산업단지를 철거하고 대신에 박물관이나 미술관 같은 문화시설을 새롭게 조성하거나, 산업단지의 건축자산을 유지하면서 역사와 문화를 콘텐츠화해 관광객의 유입을 통해 기존 산업을 관광산업으로 재편하면서 도시재생을 이끌어내는 것이다.

이렇듯 문화콘텐츠를 활용해 도시의 산업을 재생하는 과정에서 가상현실 기술이 활용되기도 했다. 한국의 수원화성은 오래된 역사

VR기기로 접하는 화성성역의궤

문화자산이면서 그것이 건설되는 과정이 모두 '화성성역의궤'라는 문서로 기록되어 있는 매우 독특한 자산이었다. 당연히 이러한 역사 자산은 보전되어야 하는 것이었는데, 수원시의 경우 단순히 이것을 보전하고 문화적으로 활용하는 것을 넘어서서 많은 사람들이 활용할 수 있는 디지털 콘텐츠를 구축했다. 화성성역의궤를 모두 디지털화했고, AR로 데이터화해서 사람들이 VR기기를 쓰고 화성성역의궤를 보면 실제 건축물이 현실세계와 연동되어서 시연되는 장면을 만들어냈다. 역사적 도시공간을 가상현실로 구현해서 현실세계의 관광산업과 연동시킬 수 있는 계기가 되었다.

구글이 제공하고 있는 '구글 아트앤컬처 프로젝트(Google Arts & Culture Project)'는 전 세계의 미술관·박물관에 전시되어 있는 작품들을 공간정보와 연동해 화면을 통해 볼 수 있도록 서비스하고 있는데, 단순히 미술품을 화면을 통해 볼 수 있는 것뿐만 아니라 유명한 미술관의 실내공간을 가상공간으로 만들어놓고, 내가 실제 관람

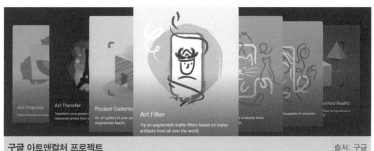

구글 아트앤컬처 프로젝트

출처: 구글

객이 되어서 증강현실 혹은 2차원 컴퓨터 화면을 통해서 미술품들을 볼 수 있도록 서비스하고 있다. 지도 기반 공간정보와 연동되고 있기 때문에 내가 보고 있는 미술품이 전시되어 있는 미술관도 찾을 수 있고, 그 미술관 주변에 무엇이 있는지를 구글어스를 통해 살펴볼 수도 있다.

부동산가격과 가상현실 기술

▌부동산가격의 역대급 급등

  한국은 코로나19 시기인 2018년부터 2022년 사이에 전 세계적인 유동성 확대라는 거시경제효과와 함께 아파트 공급 부족과 고소득자의 증가가 겹치면서 역대급으로 아파트가격이 상승하는 상황이 발생했다.

  이러한 아파트가격 급등은 사회 중산층을 약화시키는 문제를 야기하고, 젊은 청년층들에게는 서울에 아파트를 살 수 있을까 하는 절망감을 안겨주기에 충분했다. 물론 이들 청년층들 중 많은 부분은 부모세대로부터 물려받을 수도 있겠지만, 그렇지 못한 경우에는 많은 사회문제를 일으킬 수 있다.

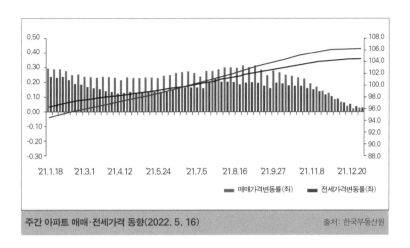

주간 아파트 매매·전세가격 동향(2022. 5. 16)	출처: 한국부동산원

앞으로 미래의 도시에서도 이러한 주택가격으로 인한 문제가 계속될 것인가? 한국의 경우 앞으로 인구가 줄어들기 때문에 이러한 아파트가격 급등은 없을 것이라고 이야기하는 사람들도 있고, 경제 수준이 더 높아지고 남북관계와 같은 불확실성이 더 줄어들게 되면 싱가포르나 홍콩, 뉴욕처럼 아직도 아파트가격이 오를 가능성이 높다고 이야기하는 사람들도 있다.

아파트 같은 주거뿐만 아니라 오피스 시장도 경제규모가 커질수록 더 높은 수익을 내는 회사들은 더 좋은 업무환경을 가지고 있는 오피스에 대해 임대료를 아낌없이 지불할 것이다. 확실한 것은 소득 수준은 계속 높아질 것이기 때문에 한국의 경제가 앞으로도 계속 성장한다면 일정 부분의 주택가격은 계속 오를 것이라는 점이다. 그렇다면 과연 이러한 주택가격문제에 대해 가상현실 기술은 어떤 해결책을 줄 수 있을까?

가상현실에서도 부동산을 사고팔게 될까?

가상세계의 이점을 이용해서 오피스·상가·아파트의 비용을 낮추는 현상이 나타날 수도 있지만, 한편으로는 가상현실의 공간도 이제 사고파는 시대가 올 것이다. 이미 가상현실에 구현된 게임상에서 아이템을 현실의 돈을 지불하고 사고파는 세상이 되었기 때문에, 엄밀하게 보면 동산에 해당하는 아이템이 부동산에 해당하는 가상부동산으로 치환되는 단순한 과정이 얼마든지 일어날 수 있을 것이라 예상된다.

가상현실에서 부동산을 사고파는 첫 번째 유형은 가상세계에 현실세계와 동일한 부동산을 만들어놓고 이것을 사고파는 형태다. 대표적으로 가상공간에 지구를 그대로 옮겨놓은 가상부동산 플랫폼인 어스2(Earth2)의 경우 큰 관심을 끌었으며, 이 플랫폼에 들어오는 사람들이 많을수록 가상부동산의 가치도 같이 올라가게 되는 구조를 가지고 있다.

지구 2개가 하나로 이어져 있는 듯한 어스2
출처: 어스2

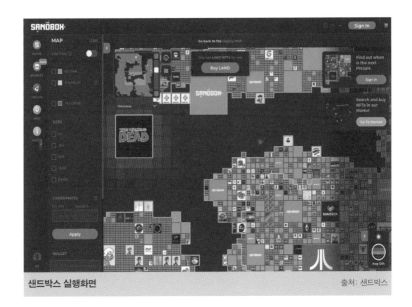

샌드박스 실행화면　　　　　　　　　　　　　　　　　　　출처: 샌드박스

　가상현실의 부동산에서 실제로 잠을 자거나 밥을 먹는 것은 불가능하기 때문에 기본적으로는 업무를 하거나 구매행위를 하는 방식이 대부분이다. 그렇기 때문에 이용자가 많다는 것은 그만큼 업무를 같은 플랫폼에서 할 수 있게 되거나 판매를 위한 광고효과가 있다는 의미이기 때문에 이러한 가치평가가 가능하게 된다.

　두 번째로 현실세계와는 무관한 가상공간에 새로운 공간을 만들어서 판매하는 방식인데, 디센트럴랜드(Decentraland)나 샌드박스(Sandbox) 같은 플랫폼들이 있다. 샌드박스의 경우 가상현실상의 부동산가격도 2019년 말 기준 1개에 5만 원 정도였지만 2021년 말에는 1개당 1,500만 원까지 상승해 약 300배가량 상승한 경우도 있었다. 풍부한 유동성에 기인한 부분도 있겠지만, 가상현실에서의 부동산 투자도 현실세계에서의 부동산 거래와 같은 가치평가가 이루어질 수 있다는 것이 일상화되고 있다.

현실세계의 한정된 부동산은 수요와 공급의 불일치가 항상 일어난다. 이러한 불일치 때문에 때로는 부동산가격의 급등이라는 결과가, 때로는 부동산가격의 하락이라는 결과가 나타나곤 했다. 수요와 공급의 불일치로 인한 부동산가격의 불안정성은 아마 미래에도 그대로 나타날 것으로 예상된다.

이에 비해 최근 등장한 가상세계는 현실세계의 부동산들이 가지는 역할을 일부 나누어서 분담할 수 있다는 것을 보여주었다. 이러한 가능성은 현실세계의 부동산에 집중된 투자가 분산될 수 있다는 여력을 보여주는 것이다.

혹시 모르겠다. 나중에 거대한 매트릭스에 우리 모두 업로드되어서 그 안에서 부동산 거래를 하면서 살게 될지.

VIRTUAL REALITY

가상현실 기술을 어떻게 활용할 것인가?

이게 꿈인가, 가상현실인가?

오늘 100억 원짜리 로또에 당첨이 되었다. 이런 훌륭한 일이 일어났을 때, 우리는 "이게 꿈인가, 생시인가?"라고 말한다. 원하는 대학에 합격했거나, 정말 애타게 하고 싶었던 일이 성사되었을 때에도 우리는 이것이 꿈인지 생시인지 알고 싶어 한다. 보통은 나쁜 일이 일어났을 때보다는 엄청나게 좋은 일이 일어났을 때, 이것이 꿈이 아니라 생시임을 확인하고 싶어서 하는 말이다.

때로는 옆 사람에게 뺨을 한 대 때려달라고 하기도 한다. 깨지 않으면 이 상황이 현실세계이기 때문이다. 영어표현도 "Somebody please pinch me"인데 꿈과 현실을 구분하기 위해 던지는 말이다.

이게 꿈이라면 제발 깨지 말기를 원한다는 의미도 가지고 있다. 가끔 영화를 보면, 멋진 꿈을 꾸고 있을 때 누가 깨우면 왜 깨웠느냐고 화를 내기도 한다.

2022년에 개봉한 영화 〈닥터 스트레인지: 대혼돈의 멀티버스〉를 보면 꿈은 다른 평행우주(Multiverse)에서 또 다른 내가 실제로 경험하는 일을 투사해서 보는 것이라고 나오기도 한다. 가끔 위에서 떨어지는 꿈을 꾸는데, 다른 평행우주에서는 내가 슈퍼맨일지도 모르겠다. 어찌 되었건 수많은 평행우주가 있고, 수많은 내가 있다는 것은 재미있는 가정이다.

실제 가상현실이 실현된다면, 이러한 수많은 가정들과 또 다른 '두 번째 삶'들이 가상현실 속에서 실현되지 않을까? 영화 〈인셉션(Inception)〉에 나왔던 것처럼 꿈속에 꿈이 또 들어 있고, 꿈을 깨도 다른 꿈이라면, 현실세계가 꿈인지 가상현실인지 모호해지는 때가 올지도 모르겠다.

디지털 트랜스포메이션의 시대

이 책에서는 지금까지 현실의 도시공간을 가상현실로 만드는 기술, 이렇게 만든 가상현실을 인간이 경험하는 기술, 인간의 새로운 경험이 다시 가상현실에 영향을 주고받는 기술들을 살펴봤다.

도시와 기술은 항상 영향을 주고받았다. 기술은 관련된 산업을 일으키면서 도시의 경제적 기반을 뒷받침했고, 도시는 기술이 성장할 수 있는 지식의 전파자이자 인력의 공급 역할을 했다. 인류 역사를 보면 새로운 기술이 등장했을 때 거기에 맞는 새로운 도시가 등장해 왔다. 현재는 디지털, 네트워크, 인공지능, 이렇게 'D.N.A.'로 특징지을 수 있는 4차 산업혁명 시대이고, 이 새로운 산업혁명 기술에 적합한 도시로 스마트시티가 떠오르고 있다.

이 스마트시티는 정보통신기술로 인간이 도시에서 살아가는 데 필요한 서비스를 제공하는 것을 목표로 하고 있기 때문에 도시는 점차 디지털 정보로 전환되고 있으며, 심지어는 도시의 모습 전체가 가상공간에 만들어지는 '가상현실, 디지털트윈, 메타버스'의 시대가 도래하고 있다. 글로벌 빅테크 기업들이나 가장 유행에 민감한 게임 산업·대중문화가 모두 이 메타버스에 열광하고 있으며, 젊고 어린 층일수록 이러한 디지털문화에 거부감이 없다. 어느덧 전 세계는 디지털로 전환되었으며, 조그만 스마트폰을 통해서 전 세계와 연결되는 세상에 살고 있다.

지금은 스마트폰의 작은 화면을 통해 시각으로만 경험하지만, 언젠가는 디지털 안경이나 입는 로봇(Wearable Device)을 거쳐서 조그만 칩을 붙이거나 피부에 이식하는 시대가 올 것이다. 도시의 모든 공간과 사물, 인간이 디지털공간으로 복제되고, 새로운 세계에서 경험하는 시대가 올 것이다.

사람들의 관계망이 가상현실 속에서 만들어지고, 시간과 공간의 한계는 가상현실을 통해 완전히 극복될 것이다. 힘들게 우주탐사를 할 수도 있지만, 고갈된 자원을 확보하거나 지구의 환경이 완전히 황폐화하지 않은 이상 호기심 때문이라면 영화에 나오는 것처럼 단지 가상현실에 접속하는 것만으로도 우주탐사의 경험을 할 수 있는 시대가 올 것이다. 바야흐로 모든 것이 디지털화하는 시대, 즉 디지털 트랜스포메이션(Digital Transformation)의 시대가 되었다.

미래도시와 가상현실의 관계

앞서 살펴본 디지털화된 세상, 그 세상을 통해 만들어지는 가상현실 기술은 과연 현실세계의 도시에 어떤 영향을 주게 될까? 가상현실 자체도 흥미로운 주제이지만, 그래도 우리는 현실에서 살고 있기 때문에 이러한 가상현실 기술들이 미래의 도시에 어떤 도움을 주게 될지, 미래의 도시를 어떻게 바꾸어나갈지 궁금하지 않을 수 없다.

지금까지 6개의 챕터를 통해서 미래도시에 등장하게 될 여러 도전들과 이 도전들을 해결해나가는 데 도움이 될 수 있는 가상현실 기술들을 살펴봤다. 코로나19, 자연재해, 기후변화, 환경오염, 도시 쇠퇴, 주택가격 등 미래의 도시에도 계속 문제가 제기될 이러한 사항들에 대해 가상현실 기술은 해결책을 제안할 수 있음을 확인할 수 있었다. 현재에도 이러한 해결책의 실마리들을 일부 찾아볼 수 있으며, 앞으로 등장하게 될 모습을 미리 예상해볼 수도 있다.

지금까지 등장한 도시와 기술의 관계를 보면 도시는 새로운 기술의 등장과 진화를 이끌었고, 이렇게 만들어진 새로운 기술은 도시의 문제를 해결하고 변화를 주도해왔다. 역대 산업혁명들이 모두 그러했고, 앞으로의 산업혁명도 마찬가지일 것이다. 가상현실 기술 역시 마찬가지다.

넓게 보면 4차 산업혁명의 범위 내에 있으면서 스마트시티, 디지털, 네트워크, 인공지능, 메타버스 등의 기술들과 포괄적으로 연결되는 기술로서 가상현실 기술은 현실세계의 문제점과 한계를 뛰어넘는 데 본격적으로 활용될 수 있을 것이다. 이러한 측면에서 역대 등장했던 어떤 기술보다도 기존의 도시가 가지고 있는 문제를 해결하는 데 매우 효과적인 기술이 될 것이다.

지금까지 등장한 이들 가상현실 기술은 현실세계 기술을 대체하는 데 활용되기도 하고, 현실세계에 나타나는 문제를 해결하는 방법을 미리 시뮬레이션하는 데 활용되기도 했다. 또한 디지털트윈 형식으로 만들어진 가상현실에 현실세계를 투영해서 시간과 공간의 한계를 극복하는 데 활용되기도 했으며, 현실세계 공간의 대안으로 활용되기도 했다.

가상세계의 활용 범위는 앞으로 어디까지 확장될 수 있을까? 현실세계와 동일하게 만들어진 여러 가상세계들은 현실세계의 불만과 부조리를 극복하는 데 활용될 수도 있지만, 또 다른 한편으로는 현실세계의 문제를 가리고 숨기는 데 활용될 수도 있다.

가상현실 기술을 어떻게 활용할 것인가? 가상현실 기술들이 미래를 살아가는 여러분들의 삶을 보다 흥미롭고 가치 있게 만들어주기를 기원한다.